全国中等职业技术学校汽车类专业通用教材

Qiche Banjin yu Pentu
汽车钣金与喷涂

刘 涛 主 编
郇延建 李 亭 赵向阳 副主编
张茂国 主 审

人民交通出版社股份有限公司
China Communications Press Co.,Ltd.

内 容 提 要

本书是全国中等职业技术学校汽车类专业通用教材,依据《中等职业学校专业教学标准(试行)》以及国家和交通行业相关职业标准编写而成。主要内容包括:认识车身结构及汽修钣金、钣金手工成型、钣金更换车身构件、钣金修复车身构件、喷涂汽车构件、清洁与护理,共计6个单元。

本书供中等职业学校汽车类专业教学使用,亦可供汽车维修相关专业人员学习参考。

图书在版编目(CIP)数据

汽车钣金与喷涂/刘涛主编.—北京:人民交通出版社股份有限公司,2018.8
ISBN 978-7-114-14788-3

Ⅰ.①汽… Ⅱ.①刘… Ⅲ.①汽车—钣金工—中等专业学校—教材②汽车—喷涂—中等专业学校—教材 Ⅳ.①U472.4

中国版本图书馆 CIP 数据核字(2018)第 124352 号

全国中等职业技术学校汽车类专业通用教材

书　　名:	汽车钣金与喷涂
著作者:	刘　涛
责任编辑:	闫东坡
责任校对:	尹　静
责任印制:	张　凯
出版发行:	人民交通出版社股份有限公司
地　　址:	(100011)北京市朝阳区安定门外外馆斜街3号
网　　址:	http://www.ccpress.com.cn
销售电话:	(010)59757973
总 经 销:	人民交通出版社股份有限公司发行部
经　　销:	各地新华书店
印　　刷:	北京市密东印刷有限公司
开　　本:	787×1092　1/16
印　　张:	8.25
字　　数:	182千
版　　次:	2018年8月　第1版
印　　次:	2018年8月　第1次印刷
书　　号:	ISBN 978-7-114-14788-3
定　　价:	20.00元

(有印刷、装订质量问题的图书由本公司负责调换)

前 言
PREFACE

  为适应社会经济发展和汽车运用与维修专业技能型紧缺人才培养的需要，交通职业教育教学指导委员会汽车(技工)专业指导委员会于2004年陆续组织编写了汽车维修、汽车电工、汽车检测等专业技工教材、高级技工教材及技师教材，受到广大中等职业学校师生的欢迎。

  随着职业教育教学改革的不断深入，中等职业学校对课程结构、课程内容及教学模式提出了更高的要求。《教育部关于深化职业教育教学改革全面提高人才培养质量的若干意见》提出："对接最新职业标准、行业标准和岗位规范，紧贴岗位实际工作过程，调整课程结构，更新课程内容，深化多种模式的课程改革"。为此，人民交通出版社股份有限公司根据教育部文件精神，在整合已出版的技工教材、高级技工教材及技师教材的基础上，依据教育部颁布的《中等职业学校汽车运用与维修专业教学标准(试行)》，组织中等职业学校汽车专业教师再版修订了全国中等职业技术学校汽车类专业通用教材。

  此次再版修订的教材总结了全国技工学校、高级技工学校及技师学院多年来的汽车专业教学经验，将职业岗位所需要的知识、技能和职业素养融入汽车专业教学中，体现了中等职业教育的特色。教材特点如下：

  1."以服务发展为宗旨，以促进就业为导向"，加强文化基础教育，强化技术技能培养，符合汽车专业实用人才培养的需求；

  2.教材修订符合中等职业学校学生的认知规律，注重知识的实际应用和对学生职业技能的训练，符合汽车类专业教学与培训的需要；

  3.教材内容与汽车维修中级工、高级工及技师职业技能鉴定考核相吻合，便于学生毕业后适应岗位技能要求；

  4.依据最新国家及行业标准，剔除第一版教材中陈旧过时的内容，教材修订量在20%以上，反映目前汽车的新知识、新技术、新工艺；

  5.教材内容简洁，通俗易懂，图文并茂，易于培养学生的学习兴趣，提高学习效果。

《汽车钣金与喷涂》是汽车运用与维修专业课之一,是新编教材。主要内容包括:认识车身结构及汽修钣金、钣金手工成型、钣金更换车身构件、钣金修复车身构件、喷涂汽车构件、清洁与护理,共计6个单元。本书由山东交通技师学院刘涛担任主编,山东交通技师学院郇延建、李亭、赵向阳担任副主编,山东交通技师学院张茂国担任主审,山东交通技师学院多位专业教师参加了编写。具体分工为:刘涛编写单元一、单元三的模块1、单元四的模块1、模块3及全书统稿,郇延建编写单元五,李亭编写单元二,赵向阳编写单元三模块2、模块3、模块4、模块5、模块6,张宝运编写单元四的模块2、模块4,付清洁编写单元六,黄闽新、丁青、温秀华也参与了部分内容的编写。

限于编者经历和水平,教材内容难以覆盖全国各地中等职业学校的实际情况,希望各学校在选用和推广本系列教材的同时,注重总结教学经验,及时提出修改意见和建议,以便再版修订时改正。

编 者

2018 年 4 月

目录

CONTENTS

单元一　认识车身结构及汽修钣金 1
单元二　钣金手工成型 10
　模块1　钣金件的展开与放样 10
　模块2　钣金下料 19
　模块3　钣金手工成型 26
单元三　钣金更换车身构件 36
　模块1　更换前保险杠 36
　模块2　更换前翼子板 41
　模块3　更换前车门 47
　模块4　更换前风窗玻璃 53
　模块5　更换前立柱 57
　模块6　更换后翼子板 61
单元四　钣金修复车身构件 66
　模块1　修复前保险杠 66
　模块2　修复前翼子板 72
　模块3　修复车门 79
　模块4　修复发动机舱盖 87
单元五　喷涂汽车构件 92
　模块1　认识汽车涂装技术 92
　模块2　涂喷底漆 100
　模块3　施涂原子灰 102
　模块4　喷涂中层漆 107
　模块5　喷涂面漆 112
　模块6　喷涂塑料前保险杠 115
单元六　清洁与护理 121
参考文献 125

单元一
认识车身结构及汽修钣金

 学习目标

完成本单元学习后,你应能:
1. 认识车身各部分的主要构件;
2. 了解车身各构件的功用;
3. 熟悉车身主要构件的构造。
建议课时:4 课时。

轿车车身一般采用承载式,它由车身前部、车身前围、车身侧围、车身顶盖、车身后部等组成,如图 1-1 所示。

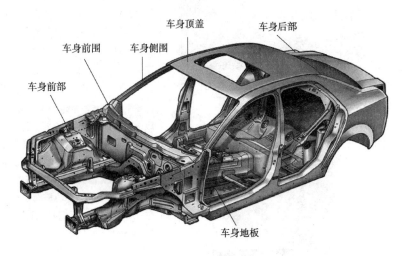

图 1-1　车身整体结构

一、车身前部

车身前部是指客舱以前的车身部分,主要由覆盖件和结构件组成。承载式车身前部覆盖件包括:发动机舱盖,左、右前翼子板,左、右前轮罩等。车身前部横向承载结构件包括:前照灯框架,前横梁,发动机舱盖锁支架等;车身前部两侧纵向承载结构件包括:前翼子板支架,挡泥板,悬架支座,前纵梁和轮罩等,如图 1-2 所示。

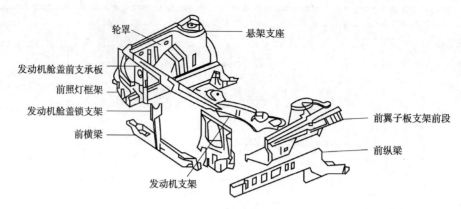

图 1-2 车身前部结构

车身前部主要功能:形成发动机舱,为发动机及附件提供一个护罩;是用于安装发动机、转向结构和前悬架的基体;体现车身造型设计要求;吸收碰撞能量;防止前轮甩泥等。

车身前部的主要构件,如表 1-1 所示。

车身前部的主要构件　　　　　　　　　　　　　　　表 1-1

名称	图示	说明
发动机舱盖		发动机舱盖须要达到的要求是:隔热隔音、自身质量轻、刚性强。发动机舱盖一般由外板和内板组成,中间夹以隔热材料。内板一般为骨架形式,起到增强刚性的作用,为防止发动机舱盖在行驶中由于振动自行开启,发动机舱盖前端要有保险锁钩锁止装置,锁止装置开关一般设置在驾驶室仪表板下面
翼子板		翼子板是遮盖车轮的车身外板,因旧式车身该部件形状及位置似鸟翼而得名。前翼子板安装在前轮处,必须要保证前轮转动及跳动时的最大极限空间,前翼子板一般是独立的,因为前翼子板碰撞概率比较高,独立装配容易整体更换,有的前翼子板用一定弹性的塑性材料做成,塑性材料具有缓冲性,比较安全,前翼子板要与车门、发动机舱盖、前照灯、前保险杠等衔接,衔接要和谐、浑然一体
前纵梁		前纵梁是车身前部主要受力部件,它与车身主体连接,承受车身纵向力并传递给地板等其他部件,是动力总成、悬架支撑、散热器支架等的基体。前纵梁变形对车轮定位影响较大,进而影响车辆的安全性和行驶性能

续上表

名　称	图　示	说　明
悬架支座		悬架支座与前纵梁和前翼子板支架连接,用于固定悬架中减振器和弹簧。悬架支座变形会影响减振器和弹簧的安装,进而会造成异响或影响车辆的行驶性能

二、车身前围

轿车车身前围是分割车身前部与驾驶室的结构总成,一般由前围上盖内板、前围上盖外板、前围板、转向柱支架等构件组成,如图1-3所示。前围可以分隔前部和座舱,保证扭转刚度,改善舒适环境,提高撞车时安全性,构成发动机舱和驾驶室之间的隔断,起到密封、隔振和隔音功能。

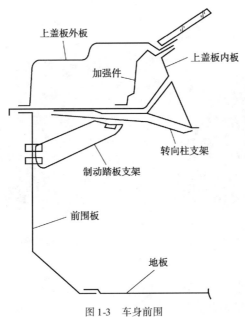

图1-3　车身前围

车身前围的主要构件,如表1-2所示。

车身前围的主要构件　　　　表1-2

名　称	图　示	说　明
前围上盖板		前围上盖板一般由上盖板外板、上盖板内板以及加强板等构件焊接而成。上盖板通过两侧的端板与车身左右侧围的前支柱焊接,是决定车身扭转刚度的主要结构组件,前围上盖板还有以下功能:保证与发动机舱盖后端的配合关系,保证对发动机舱的密封;合理布置刮水器,合理布置进风口的位置和大小,确保进气间隙和进气量,设置风窗玻璃的支撑位置,保证装配的精度要求等

续上表

名称	图示	说明
前围板		前围板是指发动机舱与车厢之间的隔板,它和地板、前立柱连接,安装在前围上盖板之下。前围板上有密封措施和隔热装置,可以防止发动机舱里的废气、高温、噪声窜入车厢。同时前围板上有许多孔,作为操纵用的拉线、拉杆、管路和电线束通过之用,例如,可以让空调管路、发动机舱盖拉线等通过,它还要配合踏板、转向柱等机件的安装位置

三、车身地板

车身地板是车身底部支承部分,车身地板主要由加强梁、门槛、支架、通道等组成,如图1-4 所示。

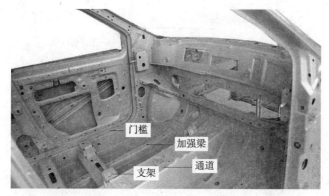

图 1-4 车身地板

形成车身底部的车身地板结构,具有承受并传递垂直、纵向及横向力,为座椅等提供安装支撑的功用。因此,车身地板结构应提供足够的强度和刚度,保证车身的承载能力。地板在车身底部容易腐蚀,因此还需密封、防腐。

车身地板的主要构件,如表 1-3 所示。

车身地板的主要构件　　　　表 1-3

名称	图示	说明
加强梁		加强梁可以传递撞击力,它是地板的结构加强件;加强梁焊接在地板上,是车身地板结构的重要承载构件;加强梁包括横梁、纵梁和其他加强梁(例如发动机支架梁)

续上表

名称	图示	说明
门槛	门槛位置及其结构	门槛是支撑车身侧围的前、中和后支柱的下边梁，门槛与底板连成一个整体，因为门槛碰撞概率比较高，为增大撞击吸收能量，一般将其设计成封闭端面，为提高强度和侧面碰撞安全性，有时在门槛的断面结构内加设加强板
支架	图略	支架是车身底部的连接、支托构件，主要包括地板纵梁的外伸支架、连接支架和安装固定支架等
通道	图略	通道是覆盖变速器及允许传动轴和排气管等通过的地板凸起结构，它能起到加强地板刚性的作用

四、车身侧围

轿车车身侧围是组成座舱的重要结构总成，主要由侧围梁框架、立柱、后翼子板和后轮罩等构件组成，如图1-5所示。其功用是构成车身侧面，提供人员出入通道，承受、传递三个方向的力，安装附件。

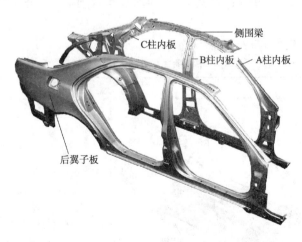

图1-5 车身侧围

车身侧围的主要构件，如表1-4所示。

车身侧围的主要构件 表1-4

名称	图示	说明
侧围梁	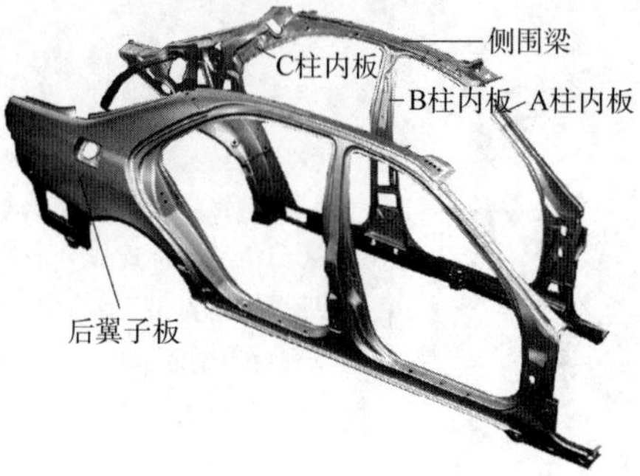 (图示：侧围梁、C柱内板、B柱内板、A柱内板、后翼子板)	侧围梁框架是支撑顶盖,连接车身前、后部分的侧面构件,它用于固定前、后风窗玻璃,并用安装车门以及保证车身侧面碰撞安全性的承载框架,侧围梁一般由内、外板件冲压焊接而成,具有较大的抗弯和抗扭刚性和强度
立柱	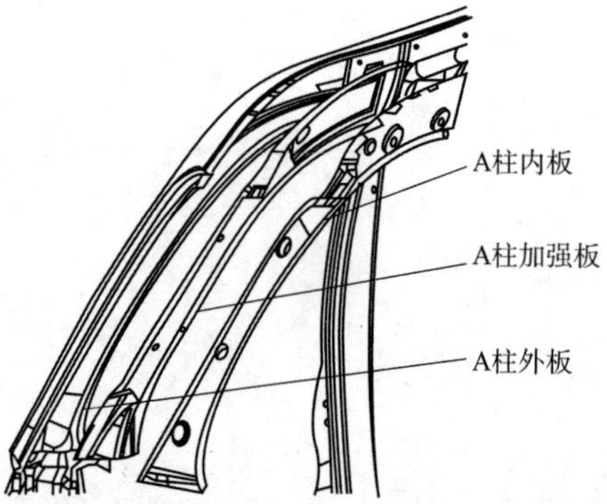 (图示：A柱内板、A柱加强板、A柱外板)	立柱分为前立柱(又称A柱)、中立柱(又称B柱)和后立柱(又称C柱)。立柱是车身承载框架的重要组成部分,前立柱用于支撑顶盖,安装前风窗玻璃、前车门、仪表板支架,前立柱包括外板、内板和加强板;中立柱主要是支撑车顶盖,承受前、后车门的支承力,用于安装安全带等附加零部件;后立柱常具有较大的断面形状,在其上设计有车内通风的气流出口,后立柱主要是支撑顶盖,安装后风窗玻璃,安装后车门锁

五、车身顶盖

轿车顶盖系统位于驾驶舱的顶部,由骨架、板件、内饰及有关车身附件等组成。车身顶盖可以分为固定式和敞篷式,固定式顶盖是常见的轿车顶盖形式,车身顶盖由顶盖前横梁、后横梁和顶盖侧梁来支承,并焊接在其上,从而增加车身顶盖的刚度和强度,在汽车侧翻时起到保护乘员的作用。

车身顶盖的主要构件,如表1-5所示。

车身顶盖的主要构件 表1-5

名称	图示	说明
前、后横梁	 (图示：前横梁、后横梁)	顶盖前、后横梁分别位于车身顶部前、后端,它们分别与车身左、右侧围的前立柱的顶端焊接,形成支承并固定前、后风窗玻璃的窗框,在小型轿车上一般采用开口断面,而在大型轿车则都是闭口断面

续上表

名　称	图　示	说　明
天窗	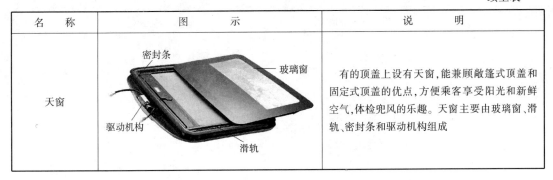 密封条／玻璃窗／驱动机构／滑轨	有的顶盖上设有天窗,能兼顾敞篷式顶盖和固定式顶盖的优点,方便乘客享受阳光和新鲜空气,体检兜风的乐趣。天窗主要由玻璃窗、滑轨、密封条和驱动机构组成

六、车身后部

车身后部主要功用是形成行李舱,被追尾撞击时,吸收碰撞能量,安装附件,备胎等。两厢车和三厢车的后部结构不同,两厢车的后部结构主要由背门和门框组成;三厢式车身后部结构主要由后窗台板、后围上盖板、后挡防撞梁、行李舱盖、后围板加强板、行李舱盖支承框架及各种连接板和加强板组成,形成行李舱。

后防撞梁包括横梁和纵梁,如图1-6所示。纵梁一般采用钢材质,横梁有钢材质或树脂材料,通常在横梁后面还配有泡沫材料,以便于碰撞时缓冲,防撞梁在高速碰撞时能吸收碰撞能量,从而提高车辆的安全性能。

纵梁　横梁

图1-6　后防撞梁

七、认识汽修钣金

深入汽车4S店或学校实训基地钣金修理车间,了解车间及维修工位配置,学习车间及工位安全操作规程。

1. 任务准备

按现场要求穿戴好工装和防护用品,带着学习资料和笔记本。

2. 任务实施

具体如表1-6所示。

认识汽修钣金工位　　　　　　　　　表1-6

序号	步骤	图示	要点
1	7S 教育		穿戴好工装,集合队伍,讲解安全知识,强调安全规程
		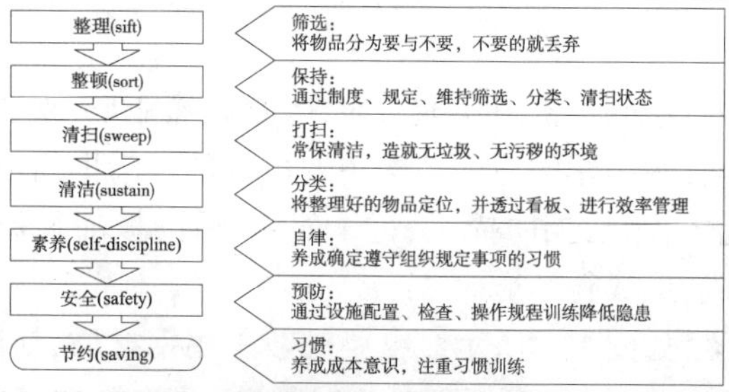 整理(sift) 筛选:将物品分为要与不要,不要的就丢弃 整顿(sort) 保持:通过制度、规定、维持筛选、分类、清扫状态 清扫(sweep) 打扫:常保清洁,造就无垃圾、无污秽的环境 清洁(sustain) 分类:将整理好的物品定位,并透过看板、进行效率管理 素养(self-discipline) 自律:养成确定遵守组织规定事项的习惯 安全(safety) 预防:通过设施配置、检查、操作规程训练降低隐患 节约(saving) 习惯:养成成本意识,注重习惯训练	学习并记录 7S 管理及车间规章制度
2	认识钣金加工检查工位		主要用于对事故车的检查,确认损坏的零部件及需要更换的零部件
3	认识钣金加工校正工位		主要用于对事故车碰撞区域零部件的拆装、修复、更换及装配等
4	认识钣金校正工位		主要用于针对事故车碰撞区的附件拆装、车身测量、车身矫正、板件更换及装备调整等

单元一　认识车身结构及汽修钣金

续上表

序号	步　骤	图　　　示	要　　　点
5	认识材料存放工位		主要用于存放需要更换的新配件及损坏的零部件等
6	认识汽车喷漆烤漆工位	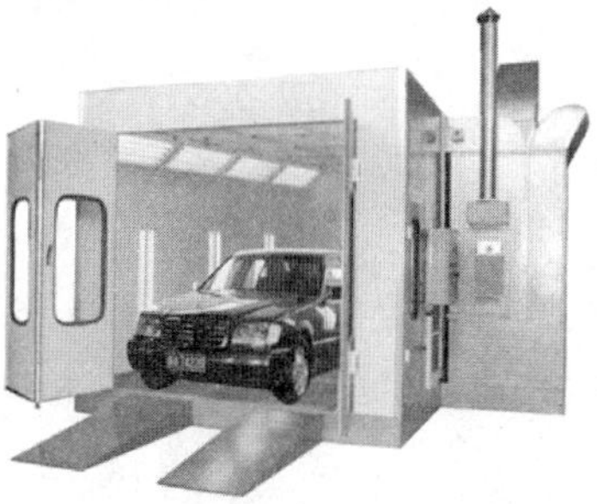	用来喷涂和烘烤车漆的。不受天气限制，配有空气净化系统，保持室内空气清新、洁净
7	绘制汽修钣金车间总体布局示意图	（略） 参观后，由学生在笔记本上自主完成绘制	要求全面，比例适当，指出车间布局的优点和不足

单元二
钣金手工成型

 学习目标

完成本单元学习后,你应能:

1. 了解钣金构件展开与放样的基本知识,会使用常用工具进行钣金件展开与放样;
2. 了解钣金下料的基本知识,会使用常用工具进行钣金件下料;
3. 了解钣金手工成型的弯曲、拱曲、收边、放边等的基本知识,会使用钣金手工成型工具进行钣金作业。

建议课时:30课时。

模块1 钣金件的展开与放样

在汽车制造过程中,经常会用到一些用金属板材制成的零件,称为钣金件。钣金件一般都是用薄钢板卷制或压制而成的,如圆管形、圆锥形制件等。制造钣金件,一般要经过放样(即在金属板材上,按实际尺寸画出它们的展开图)、切割下料、手工成型、焊接或铆接等一系列工序。

将立体表面按其实际形状和大小,依次摊平在一个平面上,称为立体表面展开,如图2-1所示。立体表面展开的问题,实质上就是求出立体表面的实形。绘制表面展开图,通常采用图解法和计算法。

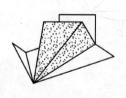 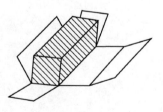 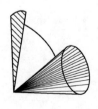

a)棱锥的展开　　　b)圆柱的展开　　　c)四棱柱的展开　　　d)圆柱的展开

图2-1 几种基本几何体的展开

图解法绘制表面展开图,精确度虽低于计算法,但已能满足生产要求,多数情况下展开过程较为简便,广泛应用于生产实践中。

一、基本几何图形画法

钣金作业的放样与展开都是基于基本图形进行的,学习常用基本图形的画法,有助于放样及展开图形的学习。

虽然一些零件的形状是复杂的,但是任何一个复杂的图形,都是由直线、曲线、角度和圆等构成的。

1. 常用基本几何图形画法

常用基本几何图形画法,如表 2-1 所示。

常用基本几何图形画法　　　　　　表 2-1

序号	任务	作图步骤	图示
1	将已知线段 AB 五等分	任意引一辅助直线段 AC;在 AC 上截取 5 个等分点,并连接 B5;通过等分点分别作 B5 的平行线,交于 AB 线,交点即为 AB 线的五等分点,如右图所示	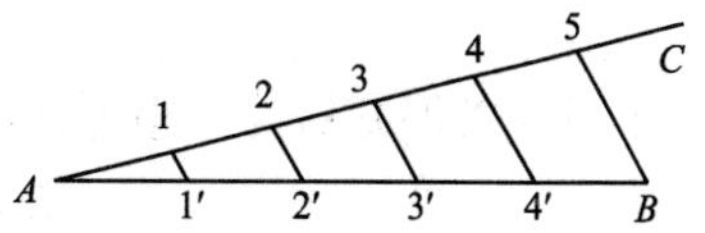
2	画与已知直线成定距离的平行线	在直线 AB 上任取 1、2 两个点,分别以 1、2 点为圆心,以 a 为半径画圆弧作与两圆弧外切的公切线 CD。CD 即求平行线,如右图所示	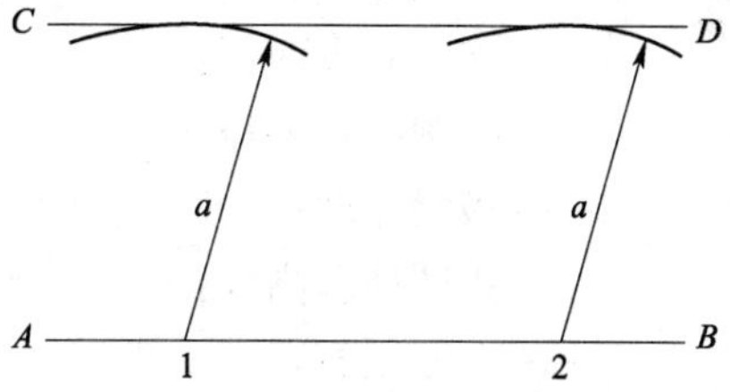
3	作圆内接多边形	(1)计算法:根据多边形边数查表计算出多边形的边长,在圆周上以边长为半径画弧,所画弧与圆周的交点即为圆周的等分点,依次连接等分点即为所求。 (2)作图法:作相互垂直的两直线段 AB、CD,并交于 O 点,以 O 点为圆心,R 为半径画圆;分别以 A、B 为圆心,以 R 为半径画弧交圆周于 E、H、G、F 四点,则 A、B、E、F、G、H 即为圆周等分点,依次连接 A、E、F、B、G、H 各点,即可得内接正六边形,如右图所示	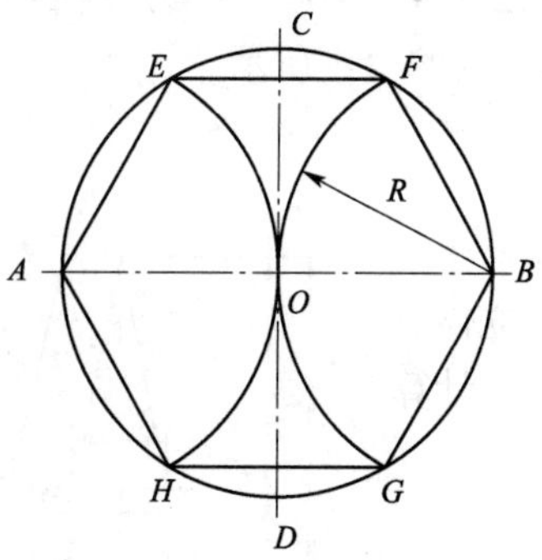

2. 简单几何形体的展开计算

最常见几何形体表面有圆柱面、棱柱面、圆锥面等。这些几何形体表面都是可展表面,其展开的计算法是根据构件的已知尺寸和几何条件,通过解析计算,直接求出绘制展开图时所需的几何尺寸,按计算出的尺寸绘制钣金构件的展开图。

(1)正圆柱管的展开计算。

正圆柱管以中心层尺寸画出的主、俯视图,作为计算展开尺寸的依据,如图 2-2 所示。

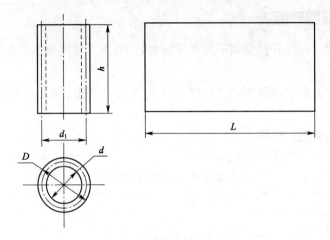

图 2-2　正圆柱管的展开计算

正圆柱管展开后为一矩形,其边为 L,高为 h。其展开计算公式如下。

$$L = \pi(D-t) = \pi(d+t) = \pi d_1$$
$$S = Lh = \pi(D-t)h = \pi(d+t)h$$

式中：L——正圆柱中心展圆周长；

　　　S——展开后表面积；

　　　D——正圆柱管外径；

　　　t——板料厚度；

　　　h——正圆柱管高度；

　　　d_1——中心层直径。

(2)正圆锥台的展开计算。

已知尺寸：D 为大端中径(mm)；d 为小端中径(mm)；h 为中心层中心线间锥面高(mm),如图 2-3 所示。

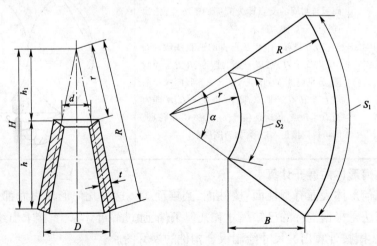

图 2-3　正圆锥台展开计算

展开图以中心层尺寸为准,其计算公式如下。

整体圆锥体高：

$$H = \frac{Dh}{D-d}$$

上锥体高：

$$h_1 = H - h$$

上半部圆锥展开半径：

$$R = \sqrt{H^2 + \frac{D^2}{4}}$$

展开料夹角：

$$\alpha = \frac{180°}{R}$$

展开料小端弧长：

$$S_2 = \pi d$$

展开料大端弧长：

$$S_1 = \pi D$$

二、放样与样图

放样是先根据施工图上的几何尺寸，以1∶1的比例在放样平台上放出实样以求真实形状和尺寸，然后根据实样的形状和尺寸制造成样图，作为下料、煨制、装配等加工的依据。

放样的一般步骤：读图——→准备放样工具——→选择放样基准——→放样操作

1. 放样工具

钣金画线中，通常使用的工具有直尺、直角尺、划针、手锤、圆规、样冲等，如图2-4所示。

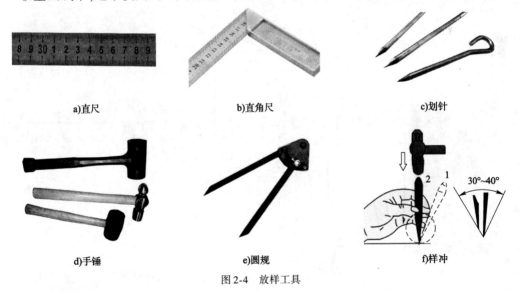

a) 直尺　　　　b) 直角尺　　　　c) 划针

d) 手锤　　　　e) 圆规　　　　f) 样冲

图2-4　放样工具

2. 放样基准

所谓放样基准，实际上就是画线基准，即放样画线时起点的基准线、基准面、基准点，如图2-5所示。

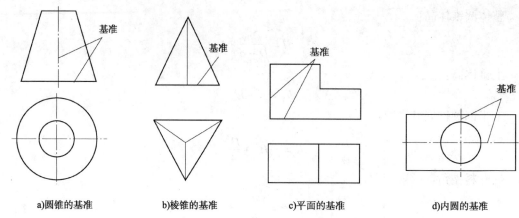

a) 圆锥的基准　　b) 棱锥的基准　　c) 平面的基准　　d) 内圆的基准

图 2-5　放样基准选择

3. 放样图

一个钣金构件的制作,必须在放样图的基础上,将其表面展开,才能依据展开图下料制作。所谓展开图,就是将板料构成的零件,根据投影原理,通过几何作图,将其表面形状展开成平面图形的过程。

1) 平行线展开法

用平行线作展开图的方法称为平行线展开法,简称平行线法,如图 2-6 所示。平行线展开法的作图步骤如下。

(1) 等分断面图,并求各等分点直线(素线)的高度。

(2) 作基准延长线,并按等分距离(边长或弧长)截取长度;边等分点引垂线,截取相应等分点直线(素线)的高度。

(3) 依次连接各所得高度点,完成展开图。

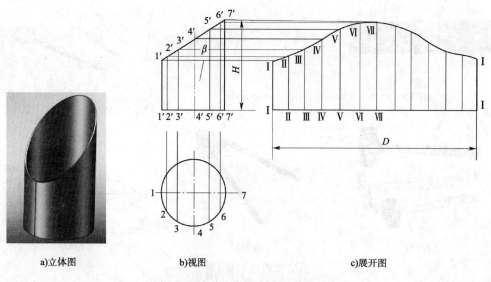

a) 立体图　　b) 视图　　c) 展开图

图 2-6　平行线法作斜口直圆柱的展开图

2) 放射线展开法

用一组汇交于一点的直线作展开图的方法称为放射线展开法,简称放射线法,如图 2-7 所示。

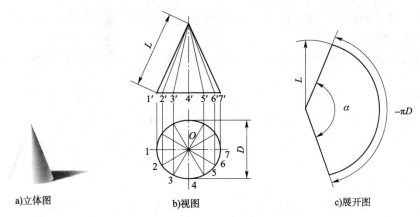

图 2-7　用放射线法作正圆锥面的放样展开图

放射线展开法的作图步骤如下。

(1) 在二视图中(或只在某一视图中)通过延长投影边等手段完成整个锥体的放样图。

(2) 通过等分断面周长(或任意分割断面全长)的方法,做出各分点所对应的断面素线(包括棱锥侧棱以及侧面上过锥顶点的直线),将锥面分割成若干小三角形。

(3) 应用求实长的方法(常用旋转法、直角三角形法),把所有不反映实长的素线,与作展开图有关的直线的实长一一求出来。

(4) 以实长为准,利用交轨法(正锥体可用扇形法),做出整个锥体侧面的展开图,同时做出全部放射线。

(5) 在整个锥体侧面展开图的基础上,以放射线为骨架,以有关实长为准,再画出锥体被截切部分所在曲线的展开曲线,完成全部展开图。

3) 三角形展开法

三角形展开其原理是先将构件的表面分割成由一系列小三角形组成的表面,然后再在平面上把一系列的三角形按其真实形状的大小依次画在平面上,这样的图形就构成构件的展开图,它所使用的方法称为三角形展开法,如图 2-8 所示。

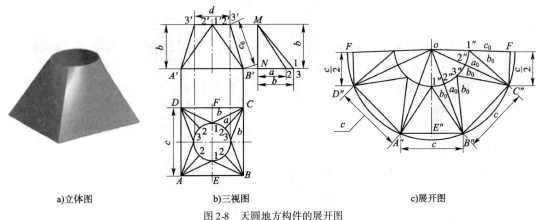

图 2-8　天圆地方构件的展开图

三角形展开法的作图步骤如下。

(1) 在放样图中先将形体表面正确分割成若干小三角形。

(2) 求所有小三角形各边的实长。

(3) 以放样图中各小三角形的相邻位置为依据,用已知的或求出的实长为半径,通过交轨法,依次展开所有小三角形。

(4) 将所得的交点视构件具体情况用曲线或用折线连接起来;由此得到所需构件的展开图。

4. 样板

当生产批量大时,不可能逐件放样展开划线;当构件较大时,也不可能在一块板料上进行划线;另外如果形状较复杂或圆弧太大时,也难以在小块材料上进行划线作业。这就需要有一种合理的方法进行放样、展开。在钣金作业中,最常用的方法就是制作样板。

1) 样板的种类

(1) 按使用周期分为单件使用样板、小批量使用样板、大批量使用样板。

(2) 按用途分类为生产用样板、划线样板、下料样板、靠试样板、精密构件样板、实形样板、检验用样板(分为非标准类和标准类),常用标准样板如图2-9所示。

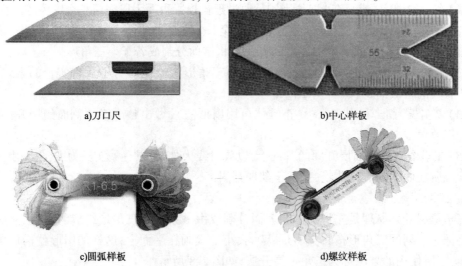

a) 刀口尺　　　　　　　　　b) 中心样板

c) 圆弧样板　　　　　　　　d) 螺纹样板

图2-9　常用标准样板

2) 样板的特点

样板是钣金工放样展开工艺的结晶,它完全是先按照钣金工放样、展开的画线规则进行放样展开,然后按照展开图下料制作而成。

(1) 样板具有通用性。它一旦制成,就成为钣金划线下料的依据,划线、下料数量多少均是一样。

(2) 样板具有准确性、标准性。它是构件展开的样板,划线下料后,构件是否合格,一般均应以样板为检测对标准。

(3) 样板也具有示范性。在批量生产前,往往需通过制作样板来试验构件的成型情况,以判定板厚处理及成型中的意外变化因素。

3) 样板的使用注意事项

(1) 使用样板划线时,应将划针与样板边缘向外、向前倾斜30°。

(2) 使用样板检测时,应把检测面与构件被检测部位贴紧,并且使检测样板整体与被检测面垂直。

(3)使用实形样板下料时,应把纸板摊平在板料上,避免因褶皱变形引起下料不准。

5. 合理用料

钣金加工中,经常遇到划线、裁料的问题,而在划线、裁料中又往往因划线方法不当、加工余量不足、排料方法不妥甚至无法裁剪等原因,造成构件的质量问题,造成工时、材料的巨大浪费。在钣金加工中,特别是制造的零件数量较多时,科学排料、合理配裁,是相当重要的。

1)集中下料法

将使用同样牌号、同样厚度的工件,集中到一起一次划线下料,提高材料利用率,如图2-10所示。

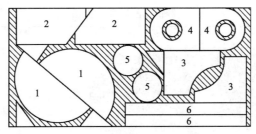

图2-10 集中下料排料示意图

2)零件拼整法

实际生产中,有时按整个构件排料,则挖去的下脚料太多,浪费较大,常常有意将该工件裁成几部分,然后再拼起来使用,以节省材料,如图2-11所示。

a)圆环整体中裁　　　b)1/2圆环拼整配裁　　　c)1/4圆环拼整配裁

图2-11 圆环构件的拼整配裁

3)排料套裁法

工件下料的数量较多时,为使板料得到充分利用,必须精心安排构件图形位置,同一形状的工件或各种不同形状的构件进行排样套裁,如表2-2所示。

常用排料方式　　　　　　　　　表2-2

序号	排样类型	排样图示	序号	排样类型	排样图示
1	直排		4	斜排	
2	单行排列		5	对头直排	
3	多行排列		6	对头斜排	

三、绘制信箱的展开放样图

根据给定的信箱实物图,先绘制展开放样图,然后根据展开放样图进行打样制作,最后绘制展开放样图于制作工件的相应板材上。

1. 任务准备

信箱 1 个;划线工具 1 套;钣金平台 1 张;板材 1 张。

2. 任务实施

具体如表 2-3 所示。

绘制信箱的展开放样图　　　　　　　　　表 2-3

序号	步骤	图示	要点
1	测量信箱尺寸		直尺测量样品的长、宽、高以及需要折边的宽度、高度等尺寸
2	绘制样图	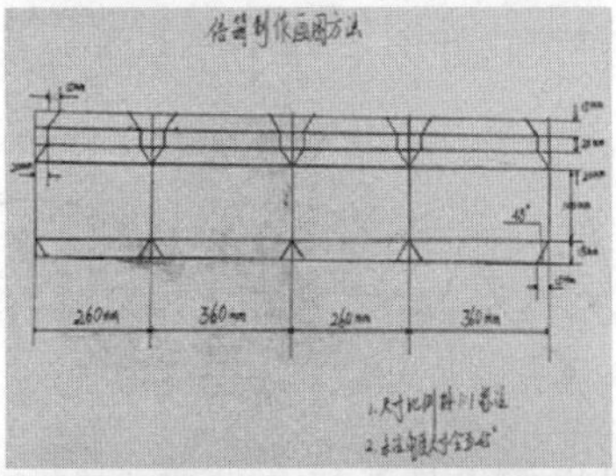	依据实物所测得的数值,绘制样图。特别注意折角的位置,将绘制好的样图裁剪,并验证是否符合制作要求
3	绘制轮廓线		(1)按照样图的尺寸,使用划线笔和直尺在合适的板材上划出所制作工件的轮廓线; (2)划线时,要符合尺寸准确、位置正确、线条清晰、标注剪切线的原则
4	复核绘制的轮廓尺寸	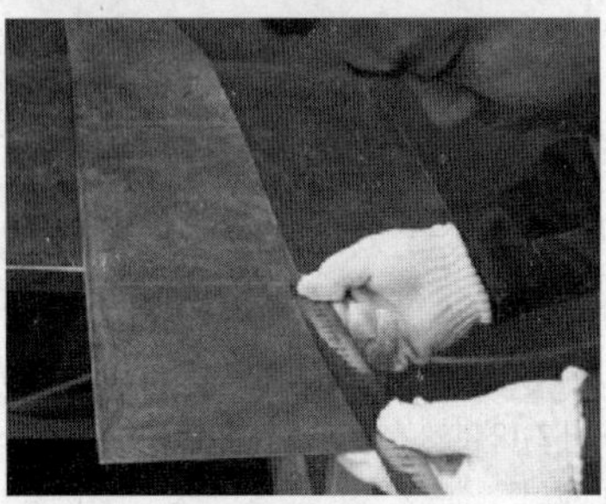	直尺测量所绘制的所有轮廓线尺寸,注意绘制的尺寸是否和样图一致,如有误差需重新绘制

续上表

序号	步骤	图示	要点
5	整理、整顿		按照7S管理标准,整理操作工位及场地

3. 注意事项

(1) 所划的轮廓线即为毛坯或半成品的加工界限和依据,所划的基准点或线是工件安装时的标记或校正线。要求是:尺寸准确、位置正确、线条清晰、冲眼均匀。

(2) 看懂图样,了解零件的作用,分析零件的加工顺序和加工方法。

(3) 工件夹持或支承要稳妥,以防滑倒或移动。

(4) 在一次支承中应将要划出的平行线全部划全,以免再次支承补划,造成误差。

(5) 正确使用划线工具,划出的线条要准确、清晰。

(6) 划线完成后,要反复核对尺寸,才能进行板件裁剪。

模块2 钣金下料

根据实体钣金构件及三视图的放样与样图制作等工序后,就要进行材料的划线、下料、剪切、焊接等加工操作。

一、划线

在材料或毛坯上划出所需板料的图形和板料的界线叫划线。划线可分为平面划线和立体划线。平面划线是在一个平面上划线,立体划线是在几个面上有联系地划线,如图2-12所示。在实践中平面划线下料用得比较多。

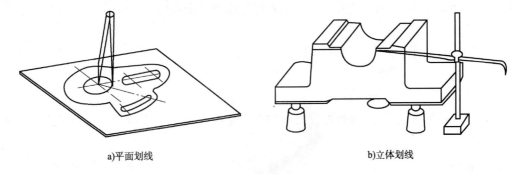

a) 平面划线　　　　　　　　　　b) 立体划线

图2-12　划线标记

划线要求线条清晰,尺寸准确。如划线错误,将会导致工件报废。由于划出的线条有一定的宽度,划线误差为 0.25~0.5mm,故通常不能以划线来确定最后尺寸,还是在加工过程中需依靠测量来控制尺寸精度。

二、标记

划线后,在划出的线上应做记号,打上样冲孔等标记,是为了在以后的剪切、切割、钻孔等加工中避免线条不清晰而影响工作。样冲孔在直线上稍微稀些,在曲线上则应密些线与线的交点上也要打样冲孔。除打上样冲孔外,还应在各种线上标注不同的加工要求符号标记,各种符号的表示,如图 2-13 所示。

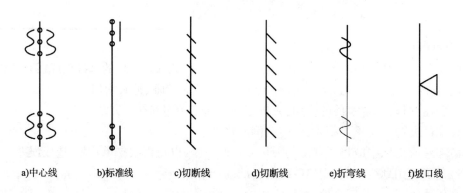

图 2-13　常用加工符号

1. 中心线

一般应在中心线的两端各打一组样冲孔,每组样冲孔数量不应少于 3 个,并在样冲孔两侧做出标记。

2. 标准线

划在下料切断线的内侧,距切断线 10~20mm,并打上样冲孔,做出明显标记,以备检查切料的误差。显然,下料切断线在标准线的外侧,也就是在剪切过程中,切刀要离开标准线 10~20mm 再进行剪切。

3. 切断线

如果切断后两边的材料都为工件料时,切断符号线应以 45°斜线划在切断线上。如果切断后只有一边是工件料,另一边是余料时切断符号应划在余料的一边。

4. 折弯线

需要时还应标明弯曲方向或弯曲角度。

5. 坡口符号

用等边三角形△为开坡口符号,三角形的一个角应指向开坡口的部位。

在制作实体钣金构件前,最好在硬纸板制作一遍模型,避免在加工过程中造成材料浪费和工件报废。

三、加工余量

铁板上划完线后就要进行剪切了,材料的剪切可根据材料的不同采用机械剪切、氧乙炔焰切割、等离子弧切割等方法,而汽车钣金构件的下料多用机械剪切法。所以划线下料时要根据裁切方法的不同和加工方法的需要留出加工余量,如剪切余量、焊接收缩量、加工后的二次切割余量等,对各种余量的留出要根据工件的具体施工情况来分析。

1. 剪切余量

剪切余量和二次加工余量在下料时,应根据工件的施工要求,考虑留出剪切加工余量和二次加工余量。在不进行边缘处理时,如机械剪切,可不留余量;氧乙炔火焰切割时应根据材料的厚度留出 1~6mm 的切割加工量;6mm 以下薄板可留出 1~2mm 的切割加工量;一般手工剪切比机械剪切的加工余量应大出 1~2mm,如表 2-4 所示。

剪 切 余 量　　　　　　　　　　　　　　　　表 2-4

切割方式	手工剪切			机械剪切			氧乙炔切割
板厚(mm)	≤6	7~14	≥20	≤6	7~14	≥20	—
剪切量(mm)	2~3	3~5	4~6	1~2	2~4	3~5	1~6

二次加工余量一般在 10~20mm。要根据操作者掌握技术的熟练程度来考虑余量的大小,较熟练的操作者可在 10mm 左右,不熟练的操作者可在 20mm 左右或超过 20mm。

2. 焊接收缩量

对焊接构件在下料前要对焊接收缩量进行估算。焊接收缩一般来自两个方面,一是下料工件本身的焊接收缩,二是构件整体焊接时变形对它的影响。一般焊缝的收缩量与钢板厚度和接头形式有关,如表 2-5、表 2-6 所示。

焊缝纵向近似收缩量　　　　　　　　　　　　　　　表 2-5

焊缝类型	对接焊缝	连续角焊缝	间断角焊缝
收缩量(mm/m)	0.15~0.3	0.2~0.4	0~0.1

焊缝横向近似收缩量剪切余量　　　　　　　　　　　表 2-6

焊缝类型	对接焊缝			双面角焊缝		
板厚(mm)	8	14	20	8	14	20
收缩量(mm/m)	1.4	1.8	2.2	1.8	2.0	2.8

对各种情况焊接收缩量的确定,要在施工中不断地进行总结才能做到比较准确,而且要根据焊缝的具体情况来分析,如厚板但焊缝的厚度要求较小时,其收缩量也小。表中的数值可作为参考值,在构件制造误差要求不是很高时可作为下料计算值。

四、咬合对接加工余量

咬合对接成形是把两块板料的边缘折弯(折转)、扣合,彼此压在一起,是制作薄壁(薄铁皮)件常用的一种工艺方法(如制作水桶、车身的车门外皮等)。

咬合对接适用范围:适用于板厚小于 1.2mm 的普通薄钢板和板厚小于 1.5mm 的铝板,以及板厚小于 0.8mm 的不锈钢板。对咬合对接工件的毛料,必须留出咬合余量,即在下料图线以外留出咬合对接量,否则制成的工件尺寸减小,成为废品。常用的咬合对接种类如图 2-14 所示。

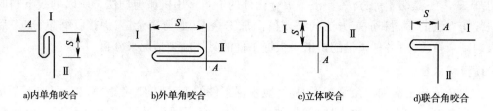

图 2-14 咬合对接种类

图中 A 线为板 Ⅰ 与板 Ⅱ 的分界线，即 A 点处正是板料的接缝处。如果板料在 A 点处对接，则所制出来的筒也好，其他器皿也好，是合格成品。A 点的位置不同，板 Ⅰ 与板 Ⅱ 的加工余量也不同，A 点的位置可根据具体情况确定。

咬合的宽度叫单口量用 S 表示。咬合的宽度 S 和板厚 t 有关，其关系可用经验公式表示：

$$S = (8 \sim 12)t$$

当 t 小于 0.7mm 时，S 不应小于 6mm。

外单角咬合，由于 A 点取在咬合边板 Ⅱ 的一边，所以板 Ⅰ 的加工余量为 S，板 Ⅱ 的加工余量为 2S；内单角咬合，板 Ⅰ 与板 Ⅱ 的加工余量分别为 2S 和 S；立体咬合，板 Ⅰ 与板 Ⅱ 的加工余量分别为 2S 和 S；联合角咬合，板 Ⅰ 与板 Ⅱ 的加工余量分别为 2S 和 S。

五、排料

为节约材料，在下料前要根据原材料的尺寸进行排料。排料的目的是为了最合理、最经济地利用材料，同时也是为了节省工时，提高工作效率。另外排料还要考虑工件的加工条件，工件的弯曲方向。

钣金用钢板材料一般都是轧制而成，在排列时，当弯曲线与钢板轧制纹路方向垂直时，不易产生裂纹。当弯曲线与钢板轧制纹路方向平行时，易产生裂纹。当工件需要几个方向弯曲时，应使弯曲线与钢板轧制纹路方向尽可能成一定角度，一般应大于 30°。设备制造时要在制造材料中同时下出两块产品试板，同时焊接后检验材料的力学性能，为保证弯曲试验合格，应使用正确下料方法，如图 2-15 所示。

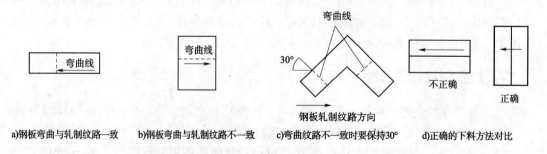

图 2-15 排板的弯曲方向

对于板材一般是先下大料后下小料，再同时考虑套裁。在大批量的同规格尺寸下料时，可采用两点定直线排料法来进行排料。

六、剪切

料板上的线画完后,就要进行剪切了。这里主要介绍手工剪切下料和机械剪切下料两种方法。

1. 手工剪切下料

(1) 直线的剪切方法。剪切短料直线时,被剪去的部分,一般都放在剪刀的右面,如图 2-16a) 所示。

剪切时,剪刀要张开大约 2/3 刀刃长。上下两刀片间不能有空隙,否则剪下的材料边上会有毛刺。剪切长料或宽板材料的长直线时,必须将被剪去的部分放在左面,这样使被剪去的部分容易向上弯曲,如图 2-16b)、c) 所示。

a) 剪短料   b) 剪长料   c) 剪切板料

图 2-16 直线的剪切方法

(2) 外圆的剪切方法。剪切外圆应从左边下剪,按顺时针方向剪切,边料会随着剪刀的移动而向上卷起,如图 2-17a) 所示。若边料较宽时,可采取剪直线的方法。

(3) 内圆的剪切方法。剪切内圆时,应从右边下剪,按逆时针方向剪切,边料会随着剪刀的移动而向上卷起如图 2-17b) 所示。

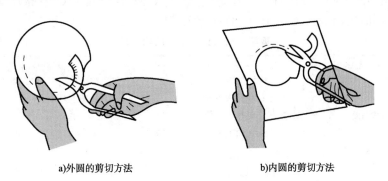

a) 外圆的剪切方法   b) 内圆的剪切方法

图 2-17 内、外圆剪切方法

2. 机械剪切下料

普通剪切机一般由机身、传动系统、刀架、压料器、前挡料架、托料装置、刀片间隙调整装置等部件组成如图 2-18 所示。

钣金加工在生产中多使用龙门式斜口剪板机,它的剪切过程是上剪刃与材料接触时,材料处于弹性变形阶段,当上剪刃继续下降时,材料切口开始发生断裂,最后分离。

 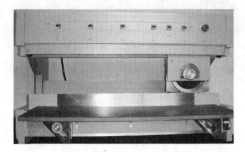

a) 传统剪板机　　　　　　　　　　　b) 横入式剪板机

图 2-18　机械下料设备

在使用剪板机时,要合理调整上、下剪刃间的间隙,剪刃的合理间隙主要取决于材料的材质和厚度。合理间隙值是一个尺寸范围,其上限为最大间隙,下限为最小间隙。表 2-7 列出了剪刃合理间隙的范围。

剪刃合理间隙的范围(单位:mm)　　　　表 2-7

材　料	间隙(板厚)	材　料	间隙(板厚)
低碳钢	5~9	不锈钢	7~11
中碳钢	8~12	合金铝	6~10
纯　铁	5~9	工业铝	5~8
硅合金钢	7~11		

七、剪切下料常见缺陷及其原因分析

剪切下料常见缺陷及原因分析见表 2-8。这些缺陷不仅引起材料消耗的增加,冲压工序废品的产生,同时还影响到成形、焊接、装配等工序质量。

剪切下料常见缺陷及原因分析　　　　表 2-8

缺陷形式	产生的原因	解决方法
外形尺寸及形状超差	1. 定位和导板不准确; 2. 操作时靠不到位; 3. 板形翘曲度大,有侧弯、端头斜	1. 重新调整定位; 2. 认真操作; 3. 采用临时工艺校直和先剪出基准面
弯曲线与毛坯板料轧纹方向的夹角不对	1. 操作不认真; 2. 管理不善; 3. 工艺排样错误	1. 认真按工艺要求操作; 2. 加强管理; 3. 改进工艺排样
毛刺大	1. 剪切间隙过大; 2. 剪刃钝	1. 调整刃口间隙; 2. 磨锋或更换刃片
扭曲	1. 剪切机斜口过大; 2. 剪切板料窄而厚	1. 调整剪刃角度; 2. 采取校平措施或使用平口剪切机

八、按照要求进行手工钣金下料

依据工件制作要求,能看懂下料样图,选择正确的下料工具设备,对制作工件的板材按照下料标准和下料线进行准确的下料操作。

1. 任务准备

下料工具 1 套;钣金平台 1 张;下料图和划完轮廓线的板料 1 张。

2. 任务实施

任务实施具体如表 2-9 所示。

手工钣金下料　　　　　　　　　　表 2-9

序号	步骤	图示	要点
1	读下料图	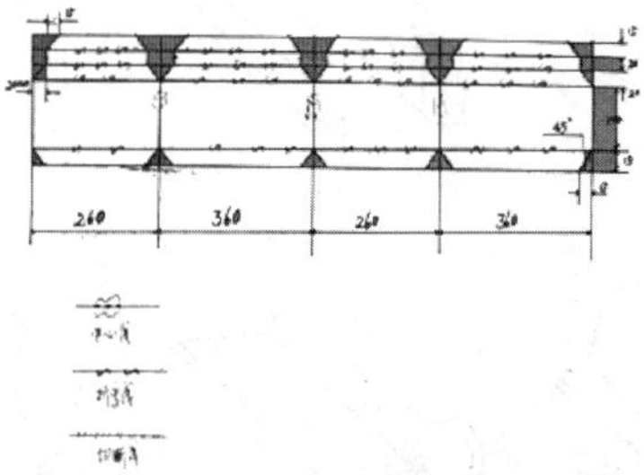	分析下料图,根据加工工艺要求,确定下料先后顺序
2	剪切板料（剪切多余板料 / 剪切折弯处）		(1)依据下料图,使用钣金剪刀,将多余板料剪切掉; (2)拼合部位折弯处处于板材边缘,剪切相对较简单,剪切时,不必采取特殊的处理; (3)第一折弯处处于板材的外边缘,剪刃较容易剪切,不必采取特殊处理; (4)当弯处于板材的内部时,第一折弯处的剪切原因,板材需剪切位置已经变形。正确的方法是将已剪切的板料弯曲一定角度(左边剪切时向上弯曲、右边剪切时向下弯曲),然后剪切,保剪刀与板料垂直
3	板料整平	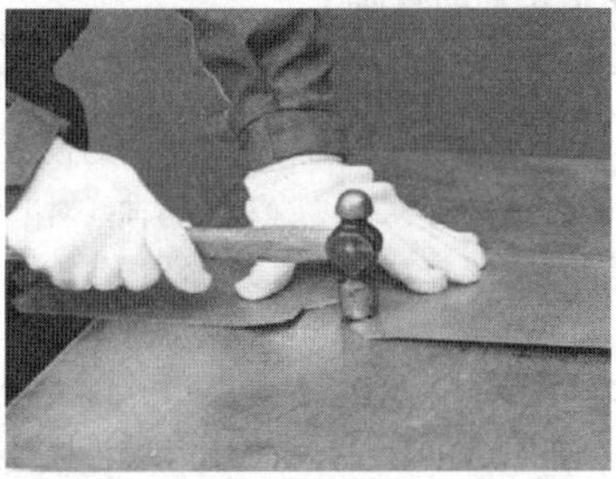	(1)敲击板料剪切位置,将因剪切而产生的翘曲整平; (2)敲击时,注意力度,不能留有锤印
4	整理	图略	按照 7S 标准,整理操作工位及场地

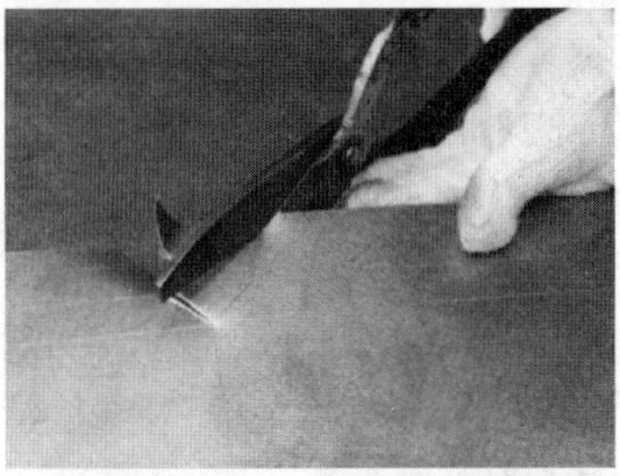

模块3 钣金手工成型

钣金手工成型就是利用相应的工具对薄铁板、薄铝材等金属毛料施以外力,使之发生塑性变形或剪断,从而成为具有预期形状和性能的零件加工方法。

一、弯曲

手工弯曲是指利用手工将薄板等材料按要求形状弯曲成一定角度或弧度的一种工艺过程,它是钣金工最基本的一种操作方法,图2-19为常见的一些弯曲件形状。

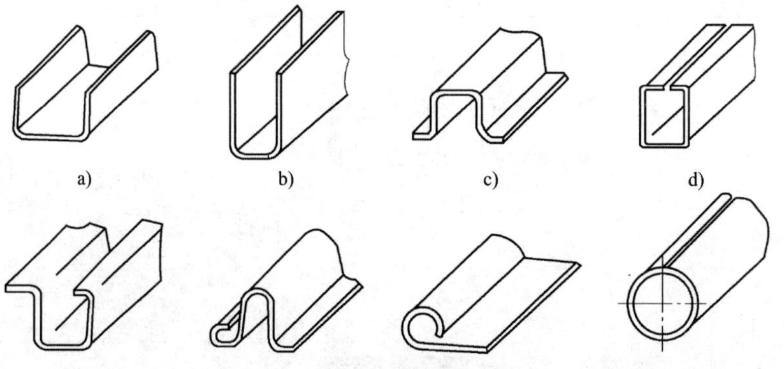

图2-19 常见弯曲件

1. 弯曲变形的特点

(1)弯曲圆角部分是弯曲变形的主要区域。

(2)弯曲变形区内的中性层:当弯曲变形程度较小时,应变中性层的位置基本上处于材料厚度的中心,但当弯曲变形程度较大时,可以发现应变中性层向材料内侧移动,变形量越大,内移量越大。

(3)变形区材料厚度变薄:变形程度越大,变薄现象越严重。

(4)变形区横断面的变形:变形区的应力和应变状态在切向和径向是完全相同的,仅在宽度方向有所不同。

2. 典型形状工件的操作

角形工件的弯曲一般采用模具弯曲,弯曲可采用自由弯曲或在夹具上进行,具体操作方法见表2-10。

角形工件的弯曲   表2-10

名称	图示	操作方法
自由弯曲	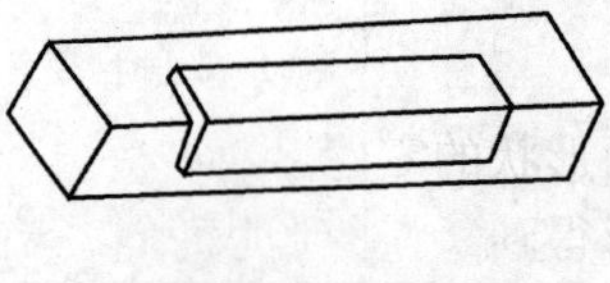	(1)下好料的板料上划出弯曲线; (2)将弯曲线对准模具的角线; (3)左手压住板料,右手用木锤轻轻敲打板料的两端,并弯成一定角度,以便于定位,然后再将其全部弯曲成型; (4)用木锤沿板料一个弯曲面轻轻敲打,使之贴紧模具

续上表

名　称	图　示	操　作　方　法
利用台虎钳弯曲		(1) 在板料坯上划出弯曲线； (2) 将弯曲线对准模具弯角处，并在台虎钳上夹紧； (3) 用木锤在弯曲角的根部轻轻敲打，使之成型； (4) 若弯曲边宽度较大，则应在弯曲边上垫一木块然后再进行敲打，以防翘曲； (5) 用木锤沿板料弯曲面均匀敲打，使之贴紧模具
"Π"形工件弯曲	模具(以孔定位)	(1) 板料坯上划出两条弯曲线； (2) 将一条弯曲线对准模具的弯曲角处并用台虎钳夹牢，然后用木锤轻轻敲击弯曲根部，使之成型； (3) 将弯曲件掉头，把另一条弯曲线对准模具的弯曲角处后夹紧，用木锤敲打弯曲处使之成型； (4) 若弯曲面翘曲，可将"Π"形件套在铁砧上用橡皮条敲打使其贴紧
"几"形工件弯曲		(1) 在板料坯上依弯曲顺序划出4条弯曲线； (2) 将弯曲线1对准模具弯曲角并夹紧，然后用锤子敲击弯曲处使之弯曲； (3) 利用台虎钳和模具将弯曲线2处的弯角成型； (4) 利用模具弯曲3、4弯曲线所对应的弯角，使之最后成型； (5) 操作时，板料坯在台虎钳上夹持要与模具垫实以避免敲击时板料坯下滑面影响弯边尺寸
圆柱面工件的弯曲		(1) 在板料坯上划出若干条弯曲线作为敲圆时锤击的基准线； (2) 利用模具或圆钢弯曲板料坯的两端要求其弯曲，半径略小于或等于所需的弯曲半径； (3) 将两端弯曲好的板料坯放在槽或套在钢轨上用型锤沿弯曲线均匀锤击，锤击时由两端向中间进行； (4) 把圆筒套在钢轨上或铁砧上进行校圆

二、拱曲

拱曲是指将板料用手工锤击成凹凸曲面形状的零件。通过板料周边起皱向里收，中间打薄向外拉，这样反复进行，使板料逐渐变形得到所需的形状，所以拱曲零件一般底部都弯薄。拱曲分为冷拱曲和热拱曲。

1. 冷拱曲

冷拱曲是指板料在常温下，使用手锤和顶杆、胎模等，对板料施加外力，使之发生塑性变形或剪断，从而成为具有预期形状和性能的零件加工方法。

1) 用顶杆手工拱曲法

这种方法应用于拱曲深度较大的零件，主要是利用顶杆和手工锤击的方法制成圆弧零件，如图 2-20 所示。

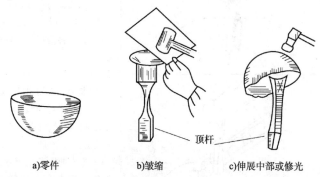

图 2-20 用顶杆制作半球形零件

拱曲时，首先把板料的边缘做出皱褶，然后在顶杆上将边缘的皱褶打平，使边缘向内弯曲，同时用木锤轻而均匀地锤击中部，使中部的坯料伸展拱曲。锤击的位置要稍稍超过支承点，敲打位置要准确，否则容易打出凹痕，甚至打破。

锤击时，用力要轻而均匀，而且打击点要稠密，边锤击边旋转坯料。根据目测随时调整锤击部位，使表面光滑、均匀。凸出的部位不应再锤击，否则越锤击，越凸起。

锤击到坯料中心时，要不断转动，不能集中在一处锤击，以免坯料中心伸展过多而凸起。依次收边锤击中部，并配合中间检查，使其达到要求为止。为考虑最后修光时，要产生回弹变形，一般拱曲度要稍大些。

用平头锤在圆杆顶上，把已拱曲成形的零件进行修光，然后按要求划线并切割、锉光边缘。在加工过程中如发现坯料由于冷作而硬化，应及时进行退火处理，否则容易产生裂纹。

2) 用胎模手工拱曲法

一般尺寸较大、深度较浅的零件，可直接在胎模上进行拱曲，主要利用胎模和手工锤击的方法制作各种零件，如图 2-21 所示。

将坯料压紧在胎模上，用手锤从边缘开始逐渐向中心部分锤击，图 2-21a)、b)、c) 是拱曲过程，由边缘逐渐向中心拱曲，图 2-21d) 是在橡胶垫上伸展坯料。

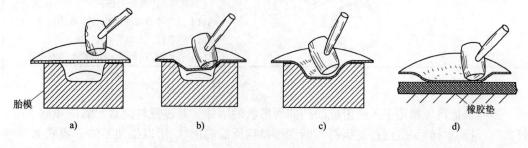

图 2-21 用胎模制作零件

拱曲时,锤击应轻而均匀,这样才能使整个加工表面均匀地伸展,形成凸起的形状,并可以防止拉裂。为使坯料伸展得快,在拱曲过程中,可垫橡胶垫、软木、沙袋等进行伸展坯料,这样表面质量较好。

在拱曲过程中,不能操之过急,应分几次,使坯料逐渐下凹,直到坯料全部贴合胎模成为所需的形状。最后用平头锤在顶杆上打光局部凸痕。

2. 热拱曲

通过加热使板料拱曲叫热拱曲。热拱曲一般用于板料较厚、形状比较复杂以及尺寸较大的拱曲零件,如图 2-22 所示。

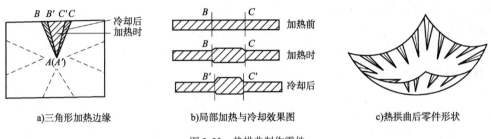

a)三角形加热边缘　　b)局部加热与冷却效果图　　c)热拱曲后零件形状

图 2-22　热拱曲制作零件

热拱曲和冷拱曲的区别在于,冷拱曲是通过收缩坯料的边缘、伸展坯件中部材料得到,而热拱曲是通过坯料的局部加热后冷却收缩变形而得到。

对坯料三角形 ABC 处局部加热,受热后要向周围膨胀,但因该区处于高温状态力学性能比未加热部位低,不但不能膨胀,反而被压缩变厚,冷却后缩小为 $A'B'C'$。

拱曲的程度与加热点的多少和每一点的加热范围有关。加热点越多,也就是越密,拱曲程度越大。

加热的方法有两种,加热面积较大时,采用加热炉加热;当加热面积在 $300mm^2$ 以内时,用氧焊枪加热。

三、放边与收边

收、放边是指利用合适的工具将零件某一边伸长或收缩的方法来制造凹凸曲线,以达到预期效果的工艺方式。

1. 放边

放边是指使零件某一边弯薄伸长的方法来制造曲线弯边的零件。放边操作多采用锤放的方法,如图 2-23 所示。

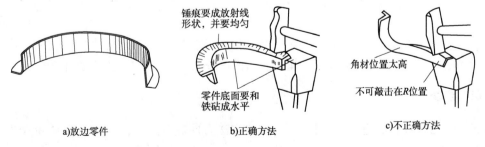

a)放边零件　　b)正确方法　　c)不正确方法

图 2-23　锤击放边方法

制造凹曲线弯边的零件,可用直角型材在铁砧或平台上锤击角材边缘,使边缘材料厚度变薄、面积增大、弯边伸长越靠近角材边缘伸长,越靠近内缘,伸长越小,这样直线角材,就逐渐被锤击成曲线弯边的零件。

锤击放边的操作过程,首先是计算出零件的展开尺寸,放边时角材底面必须与铁砧表面保持水平,不能太高或太低,否则在放边过程中角材要产生翘曲。锤痕要均匀并成放放射形,锤击的面积占弯边宽度的3/4,不能沿角材的 R 处击打,锤击的位置要在弯曲部分有直线段的角形零件,在直线段内不能击打。在放边过程中,材料会产生冷作硬化,发现材料变硬后,要退火处理,否则继续锤易打裂。在操作过程中,随时用样板或量具检查外形,达到要求后进行修整、校正和精加工。

2. 收边

收边是指角形件某一边材料被收缩,长度减小、厚度增大的方法来制造凸曲线弯边的零件。收边的方法有皱缩、"搂"边等。

(1)用折皱钳起皱,在砧铁上用木锤敲平,如图2-24所示。折皱钳用 8~10mm 的钢丝弯曲后焊成,表面要光滑,以免划伤工件表面。

a)折皱钳起皱　　b)起皱后零件　　c)木锤敲平皱褶

图 2-24　皱缩收边

(2)"搂"弯边(即敲制凸曲线弯边),用木锤"搂"边的方法,如图2-25所示。坯料夹在胎具上,用铝棒顶住坯料,用木锤敲打铝棒顶住部分,这样坯料逐渐被收缩靠胎。

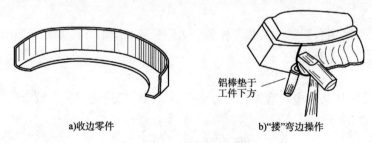

a)收边零件　　b)"搂"弯边操作

图 2-25　"搂"弯收边

收边还可用橡皮打板敲击收边,在修整零件时,用橡皮打板抽打,使材料收缩。橡皮打板用中等硬度、宽60~70mm、厚15~40mm 的橡皮板制造,长度可根据需要确定。

四、拔缘

拔缘是指在板料的边缘,利用手工捶击的方法弯曲成弯边。拔缘有内拔缘和外拔缘二种,如图2-26所示。

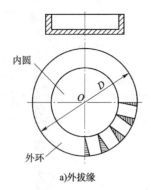
a) 外拔缘

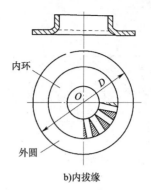
b) 内拔缘

图 2-26 拔缘

外拔缘时,圆环部分要沿中间圆形部分的圆周径向改变位置而成为弯边。但是它受到其中三角形多余金属的阻碍,采用收边的方法,使外拔缘变边增厚。

内拔缘时,内侧圆环部分要沿外侧圆环部分的圆周径向变换位置而成为弯边,由于受到内孔圆周边缘的牵制不能顺利地延伸,所以采用放边方法,使内拔缘弯边变薄。

1. 自由拔缘

拔缘可以采用自由拔缘和胎型拔缘两种方法。自由拔缘一般用于薄板料、塑性好,在常温状态下的弯边零件,如图 2-27 所示。

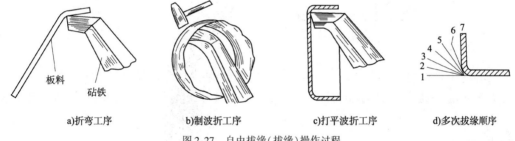

a) 折弯工序   b) 制波折工序   c) 打平波折工序   d) 多次拔缘顺序

图 2-27 自由拔缘(拔缘)操作过程

计算出坯料直径 d,划出加工的外缘宽度线(即分出环形部分和内圆部分),一般坯料直径 d 与零件直径 D 之比为 $0.8 \sim 0.85$。随后剪切毛坯,去毛刺。

在铁砧上,按照零件外缘宽度线,用木锤敲打进行拔缘,首先将坯料周边弯曲,左弯边上制出皱折,再打平皱折,使弯边收缩成凸边。薄板拔缘时,需经多次反复打出皱折、打平皱折,才能制成零件。因此,在每次打平皱折后,可在弯边的边缘上先制出 10mm 宽的向内折角圆环,以加强弯边的稳定性。

拔缘时,锤击点的分布和锤击力的大小要稠密、均匀,不能操之过急,如锤击力量不均,可能使弯边形成细纹皱折而最后发生裂纹。

2. 胎型拔缘

胎型拔缘多用于厚板料、孔拔缘及加温状态下进行弯边的零件,如图 2-28 所示。

利用胎型外拔缘时,一般采用加温拔缘的方法。拔缘前,先在坯料的中心焊装一个钢套,以便在胎型上固定坯料拔缘的位置。坯料加热温度为 $750 \sim 850$℃,每次加热不宜过长,加热面略大于坯料边缘的宽度线,按照前述外拔缘过程分段依次进行,一次弯边成型。

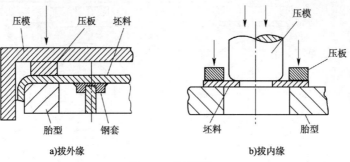

图 2-28 胎型拔缘

利用胎型内拔缘时,弯边比较困难。内孔直径不超过 80mm 的薄板拔缘时,可采用一个圆形木锤一次冲出弯边;较大的圆孔和椭圆孔的厚板内板缘时,可制作一个圆形的钢凸模进行一次冲出弯边。

五、卷边

卷边是指将板件的边缘卷过来的操作,通常是在折边或拔缘的基础上进行的。卷边分夹丝卷边和空心卷边两种,如图 2-29 所示。

图 2-29 卷边

夹心卷边是指在卷边内嵌入一根钢丝,强边缘的刚性。钢丝直径根据零件的尺寸和所受的力来确定,一般钢丝的直径为板料厚度的 3 倍以上。包卷钢丝的边缘,应不大于钢丝直径的 2.5 倍。

六、矫正

对几何形状不符合产品要求的钢结构及原材料进行修正,使其产生一定程度的塑性变形,从而达到产品所要求的几何形状这种修正方法称为矫正。

矫正的方法有机械矫正、火焰矫正、手工矫正三种,如图 2-30 所示。在机械矫正和手工矫正中根据材料的性质、工件的变形程度和生产的实际情况又可分为冷矫正和热矫正。

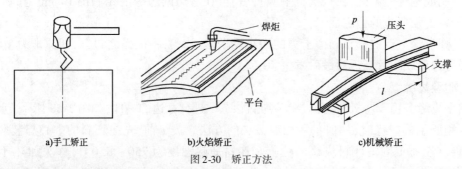

图 2-30 矫正方法

机械矫正是借助于机械设备来对变形工件及变形原材料进行矫正。常用的机械矫正设备有钢板矫正机(矫平机)、各种压力机(水压机、油压机、螺旋压力机等)。

火焰矫正是用火焰对变形工件进行局部加热后,由收缩引起的新的变形去矫正已产生的变形。

手工矫正常用大锤、手锤、平锤、弧锤、U形夹、羊角卡、平台等工具进行手工操作,使变形工件得到所需的正确几何形状。

1. 钢板的手工矫正

钢板手工矫正的基本原理、方法是采用收边和放边的基本原理,如中间鼓形凸起,四周平整,能贴合平台,这种凸起的原因是周边的纤维长度比中间的纤维长度短即通常所说的中间松四周紧。矫正方法是用手锤锤击四周,锤击方向由里向外,越往外锤击点越稠密,锤击力也越大,这样使四周的材料放松,从而消除凸起,如图2-31a)所示。相反中间贴合平台,周边扭动成波浪形,即中间的纤维长度比四周的纤维长度短。消除这种扭动的方法是用橡皮带抽打四周,使周边材料收缩,如图2-31b)所示。

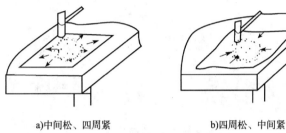

a) 中间松、四周紧　　　　b) 四周松、中间紧

图2-31　钢板手工矫正

2. 薄板件变形的火焰矫正

钢板变形为波浪形时,应先将钢板放在有孔平台上,用羊角卡将钢板的三个边卡压在平台上,然后用氧炔焰以线状加热法对凸起部分的最高点两侧分别加热加热线的长度应短于变形的凸起长度,如图2-32所示。如钢板厚度在2~4mm,则加热宽度应在10~20mm。钢板较薄时,加热速度要快些,加热温度应控制在600~800℃。

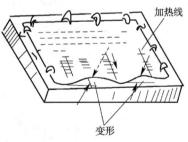

图2-32　薄板的火焰矫正

对于含碳量较高的材料,火焰与浇水的距离要适当远些,对有硬倾向的材料不允许用水激冷。各加热线之间的平行距离,应根据变形波峰高度而定,凸起越高,则距离越近,加热温度也越高。如一次矫不平,可进行第二次热矫平,但其加热线应在第一次加热线之间。必要时可辅以手工矫平。

七、信箱的钣金手工成型

运用手工成型的工具、设备,对完成划线、下料的板料进行弯曲、收边、焊接及矫正整形的操作。

1. 任务准备

手工成型工具1套;钣金平台1张;划线和下料完成的钢板1张。

2. 任务实施

任务实施具体如表2-11所示。

信箱的钣金手工成型　　　　　表2-11

序号	步骤	图示	要点
1	折弯线成型		(1)线型凿对准内折弯处的经线,使用圆头锤敲击线型凿头部,使折弯处的经线出现一定量的变形(需分次敲击3~5次); (2)敲击时,板材下面需垫橡胶垫,禁止直接在钣金工作平台上直接敲击; (3)线型凿移动时注意平稳移动,每次移动量不要超出线型凿接触长度的1/2
2	折弯	初步折弯→折弯修正→依次完成其他折弯 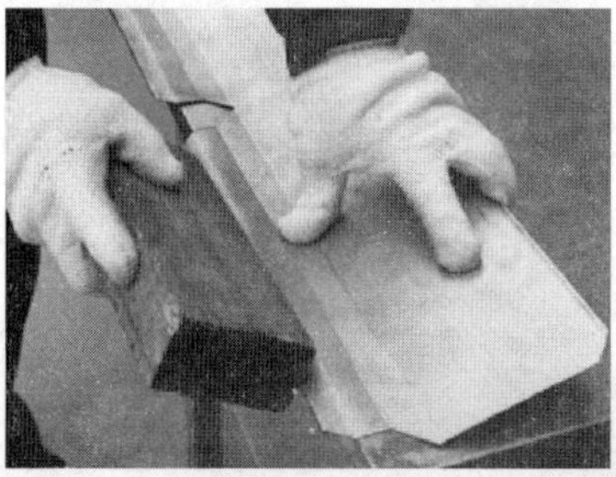 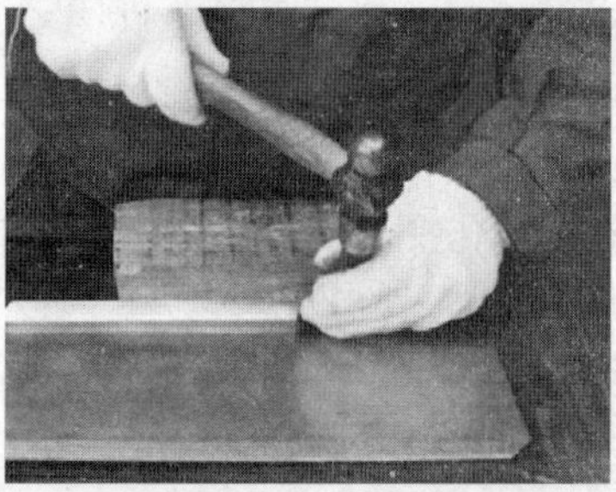	(1)板材置于钣金工作台边缘位置,用方木敲击板材折弯处进行初步折弯(需分次敲击2~3次); (2)注意折弯线需对准棱线,否则禁止敲击; (3)板材置于橡胶垫上,用方木顶住板材,再次用线型凿和手锤敲击折弯线,修正至垂直位置; (4)折弯其他折弯线时,可使用"G"型大力钳辅助固定板材,防止移位
		中心线折弯→中心线修正  	(1)扶住板材直线折弯线处,沿中心线折弯板材; (2)用修正折弯线的方法,修正中心线折弯处,使折弯线成垂直状态

续上表

序号	步骤	图示	要点
3	定位焊接		使用相应的焊接设备,将板材的中心线折边连接位置及开口边缘连接位置固定
4	测量矫正	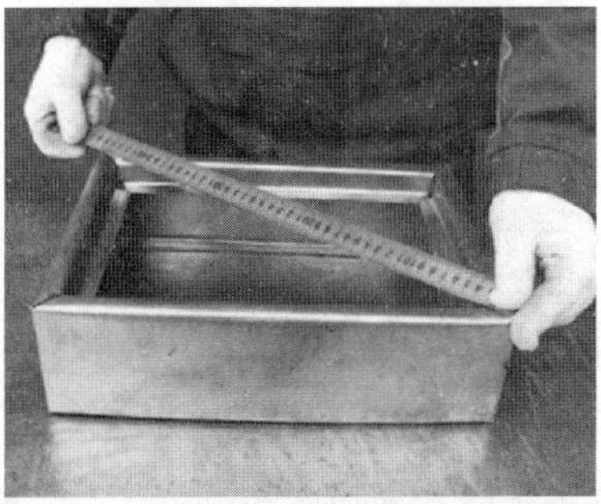 	(1)直尺测量工件的长、宽、高及对角线尺寸,确定尺寸是否符合规定值,有没有扭曲等现象,如尺寸不符合要求,使用方木锤击各边连接处,进行修正直至尺寸符合规定值; (2)测量符合规定尺寸后,用平锤敲击边角连接处,使边角连接处接缝宽1~2mm; (3)焊接各连接处
5	整理	图略	按照7S标准,整理操作工位及场地

单元三
钣金更换车身构件

学习目标

完成本单元学习后,你应能:

1. 熟悉前保险杠的结构;按照操作规程,会拆装前保险杠总成;能对安装好的汽车前保险杠进行检验。
2. 了解前翼子板的结构;能根据前翼子板的损伤程度和更换标准,判断其需要更换还是修复;按照操作规程,熟练地拆装前翼子板。
3. 熟悉更换前车门的流程;能正确对前车门进行调整和更换。
4. 了解前风窗玻璃的作用;会更换前风窗玻璃和处理其漏水、漏风的故障。
5. 认识前立柱的结构;会更换前立柱。
6. 了解后翼子板的结构;会进行后翼子板的更换。

建议课时:50课时。

模块1 更换前保险杠

随着汽车工业的发展,汽车保险杠作为重要的安全装置,也在不断地革新,以满足客户更多的需求。除了满足汽车碰撞时的保护作用外,还要起到安装固定照明及通风系统、装饰美化车身等作用。

汽车保险杠分为前保险杠和后保险杠。为了追求车身轻量化,目前轿车的前后保险杠大多采用了塑料材料。轿车前保险杠位于轿车车身的最前端,如图3-1所示。

图3-1 前保险杠的位置

一、前保险杠的结构

轿车前保险杠总成由保险杠表皮、保险杠吸能器、前横梁、加强梁(图3-2)和保险杠支架组成。保险杠吸能器由泡沫制成,其位于保险杠本体内侧和横梁之间,在汽车碰撞时能吸收能量。保险杠横梁又称保险杠防撞杆,它通过螺栓固定在车身纵梁上,它通常由薄钢板冷轧而成,为了减小质量,少数高档轿车前横梁采用铝合金制成。

保险杠上方装有散热器空气导流板,以便于发动机散热。前保险杠上部和下部都安装了散热器格栅,如图 3-3 所示,以便于空调散热器和发动机散热器散热。前保险杠上预留有侧孔,便于牵引车辆时安装挂钩。前保险杠中间部位有车牌安装座,便于汽车牌照安装。

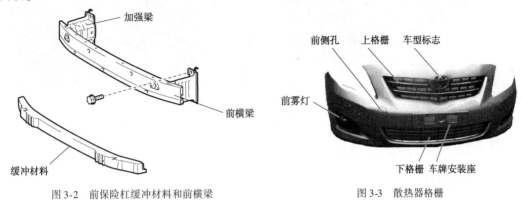

图 3-2　前保险杠缓冲材料和前横梁　　　　　图 3-3　散热器格栅

二、工具与作业准备

1. 工具、设备与材料

不同类型的卡子若干、卡子拆卸工具、一字螺丝刀、十字螺丝刀、快速扳手、接杆、套筒(10mm)、钣金专用货架、举升机、新保险杠。

2. 作业前的准备

(1)汽车进入工位前,将工位清理干净,准备好相关的器材;

(2)将变速杆置于空挡或驻车挡(P 位置),拉紧驻车制动器操纵杆;

(3)套上转向盘护套(图 3-4)、变速杆手柄套和座椅套(图 3-5),铺设脚垫(图 3-6)。

图 3-4　套上转向盘护套　　　　　图 3-5　套上座椅套

(4)粘贴翼子板磁力护裙;

(5)如图 3-7 所示,拉起发动机舱盖释放杆。

养成将车钥匙带离驾驶室的习惯,以防未拔下车钥匙时,车门自动锁止。作业中需要频繁进入驾驶室,为防止自动锁止车门,要降下车窗玻璃。

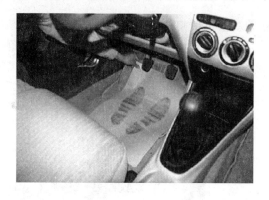

图3-6 铺设脚垫

图3-7 拉起发动机舱盖释放杆

三、更换前保险杠

1. 拆下保险杠

(1)使用卡子拆卸专用工具,拆下卡子和散热器上空气导流板,如图3-8所示。拆下散热器格栅防护罩螺栓,如图3-9所示。

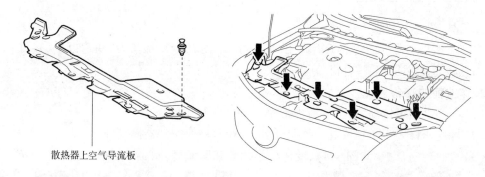

图3-8 拆下空气导流板　　　　图3-9 拆下散热器格栅防护罩螺栓

(2)使用螺丝刀,分别将前保险杠两侧固定卡子(有些车辆用固定螺钉固定)拆下,如图3-10和图3-11所示。在拆卸固定卡子时,需要将销转动90°。拆卸时要避免划伤前翼子板等处的油漆。

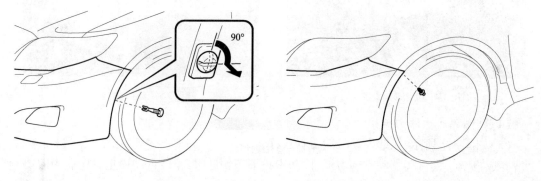

图3-10 拆卸固定卡子　　　　图3-11 拆卸固定螺钉

（3）拆卸前保险杠下面的固定螺钉，如图 3-12 所示。

需要拆装保险杠下面的卡扣及螺栓或螺钉，建议初学阶段在举升车辆的情况下，拆装保险杠。熟悉保险杠的固定方式后，在不举升车辆的情况下，拆卸和安装保险杠，但需要注意使用车轮挡块固定车辆。

（4）脱开 6 个卡爪并拆下前保险杠总成，如图 3-13 所示，沿图中箭头方向将保险杠拆下，注意移出时不能移出太多，断开前雾灯插接器，如图 3-14 所示。

图 3-12　拆下前保险杠下面的固定螺钉

有些车辆带有侦测声呐系统及前照灯清洗装置，需要断开侦测声呐系统插接器后，使用容器盛装排放的前照灯清洗剂，再彻底将保险杠与汽车分离。将拆卸下来的保险杠置于保险杠支撑架上。

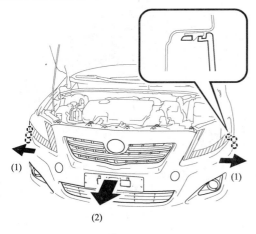

图 3-13　拆卸前保险杠

图 3-14　断开前雾灯插接器

2. 检查前保险杠缓冲材料及横梁

检查前保险杠缓冲材料及横梁等部件有无损坏的痕迹，若有损坏，需要及时进行更换，如图 3-15 所示。

图 3-15　检查前保险杠缓冲材料及横梁

3. 分解前保险杠

将未损坏的附件拆卸来，再重新安装至新保险杠上。

（1）拆卸3个卡子，拆卸散热器格栅防护条，如图3-16所示。

（2）拆下散热器格栅防护条下的6个卡子，从前保险杠的背面脱开卡爪、导销，脱开卡爪时需采用一字螺丝刀撬动卡爪，如图3-17所示，拆下固定螺钉，拆下中央散热器格栅分总成。

图3-16　拆卸散热器格栅防护条

图3-17　拆卸中央散热器格栅卡爪

（3）按同样的方法，拆卸下散热器格栅及防护条。

（4）脱开卡爪A和B拆卸车辆标牌，如图3-18所示。

（5）如图3-19所示，拆卸左右雾灯固定螺钉，小心地拆下左右雾灯总成。

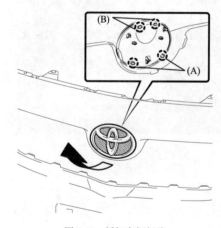
图3-18　拆卸车辆标牌

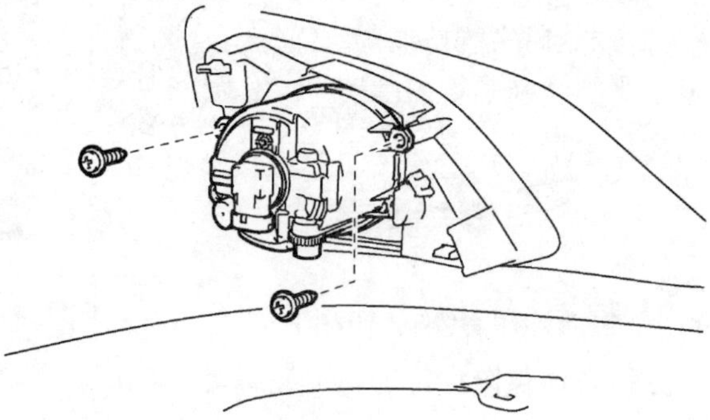

图3-19　拆卸雾灯

4. 安装附件

将附件按拆卸相反顺序安装于新保险杠上，将保险杠按拆卸相反顺序安装于车辆上。

图3-20　前保险杠配合间隙

5. 检查及调整保险杠配合间隙

用螺栓或螺钉固定保险杠时，必须进行间隙调整，使各处间隙均匀，且符合标准间隙（3.7±1.5）mm。保险杠配合间隙如图3-20所示，包括与发动机舱盖的间隙，与前左右翼子板的间隙，与左、右前照灯的间隙。

检查保险杠有无起角，图3-21a）所示就属于明显的起角,这样会影响美观。保险杠起角的原因一般包括:保险杠本身变形、装配不到位、保险杠内侧横梁或其他部件被撞变形。如果检查横梁等部件没有变形,应对保险杠进行调整,若不能改变起角现象,就需要对保险杠进行修复,修复方法见单元四,修复装配后效果应如图 3-21b)所示。

 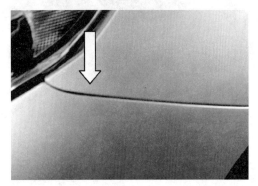

a)起角　　　　　　　　　　　　　　　　b)正常

图 3-21　前保险杠起角

6. 检查及调整雾灯对光

没有正确安装雾灯灯泡,会影响雾灯对光。应在执行调整程序之前先检查灯泡安装情况。调整雾灯对光时,在车身高度正常的情况下,用螺丝刀转动对光螺钉,如图 3-22 所示,将两个雾灯的光线调整到平直的前方。转动对光螺钉时,对光螺钉的最后一转应该是按顺时针方向。如果螺钉紧固过度,则应将其拧松后再次拧紧。

7. 整理场地

清理工具、量具及设备,打扫卫生。

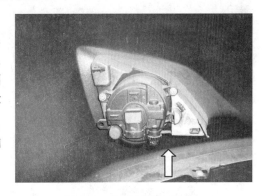

图 3-22　雾灯调整螺钉位置

模块 2　更换前翼子板

车身作为车辆的重要组成部分,对整车的安全性、动力性、经济性、舒适性以及操作性有着重要的影响。汽车车身的结构主要包括车身壳体、车门、车窗、前后钣金件、车身附件、内外装饰件、座椅以及通风、暖气以及空调等装置。

车身钣金件包括散热器框架、翼子板、挡泥板等。车身附件包括门锁、门铰链、玻璃升降器、后视镜、遮阳板等。车外装饰件主要指装饰条、车轮装饰罩、标志等。车内装饰件包括仪表板、顶篷、座椅等的表面覆饰以及窗帘和地毯。

汽车车身总成中共有四个翼子板,即:左前翼子板、左后翼子板、右前翼子板、右后翼子板,均分布于车身的四角处,如图 3-23 所示。左右两个前翼子板分别与前围护面及发动机罩相接,并将左、右两个前轮的上半部罩住,里端衬有左、右两个轮罩;左右两个后翼子板分别与后围护面及后车门相连,并将左、右两个后车轮罩住,里端同样衬有左、右两个后轮罩,起到挡住后轮行驶时带起的泥水作用。

a)前翼子板　　　　　　　　　　　　b)后翼子板

图3-23　前后翼子板安装位置

鉴别前翼子板需要更换还是修复时,一般有以下原则。

(1) 前翼子板损伤部位超过1/3,破损超过10mm以上,一般建议更换,如图3-23a)所示。

(2) 前翼子板材质为玻璃钢等复合材料的,破损后一般予以更换,如图3-24a)所示。

(3) 碰撞损伤范围相对较小的折皱,修复后难以恢复原来几何形状的,如图3-24b)所示,一般需要更换;可以用挖补技术进行局部修理的,应采用修复处理。

(4) 如果板件发生了严重的弯折,如当一个金属板件的弯曲半径小于3.2mm,或弯曲角度超过90°时,如图3-24b)前部所示,则要求更换。

(5) 修复成本超过新件价值70%及以上的,应换用新件。

a)破损的前翼子板　　　　b)前端折皱的翼子板　　　　c)完好的前翼子板

图3-24　前翼子板

一、前翼子板的结构

前翼子板位于汽车车轮的上方,从前车门一直延伸至前保险杠,它盖住了前悬架部分和内围板,是重要车身装饰件。它通常是用螺栓固定在车架前角或纵梁上,可以吸收小的撞击,前翼子板一般使用厚度为0.75mm左右的高强度镀锌薄钢板冲压制造,有的前翼子板上还安装了转向灯、汽车铭牌、天线、轮眉等零件,如图3-24c)所示。

前翼子板与车轮之间有较大的空间可以满足前轮转动和跳动的需要。前翼子板需要具备一定的弹性,在碰撞时起到缓冲和吸能作用,前翼子板碰撞的概率极高,因此,轿车前翼子板基本上是独立的,常采用螺栓连接方式,这样便于更换。

为了与整个车身协调一致,前翼子板和发动机舱盖的高度一致,与各处的配合间隙要均匀合适,例如前翼子板与发动机舱盖之间的间隙标准一般为2.3~5.3mm;前翼子板与前门之间的间隙标准一般为2.8~5.8mm。

二、工具与作业准备

1. 工具、设备与材料

不同类型的卡子若干、卡子拆卸工具、塑料销钉拆卸钳、一字螺丝刀和十字螺丝刀、轮胎螺栓拆装扳手(或扭力扳手、短接杆和21mm套筒)、保险杠支撑架、刮水器臂分离器(图3-25)举升机或液压千斤顶、新翼子板。

2. 作业前的准备

(1)汽车进入工位前,将工位清理干净,准备好相关的器材。

(2)将变速杆置于空挡或驻车挡(P位置),拉紧驻车制动器操纵杆。

(3)套上转向盘护套、变速杆手柄套和座椅套等,铺设脚垫。

(4)拉起发动机舱盖释放杆。

(5)拆卸左前轮。用三角木塞住后车轮,拆松左前轮轮胎螺栓,顶起前轮后拆卸前轮轮胎螺栓。

(6)断开蓄电池负极电缆时,要先将点火开关和前照灯变光开关均置于OFF位并完全拧松电缆螺母,如图3-26所示,进行这些操作时,不得扭曲或撬动电缆,然后断开电缆。

图3-25 刮水器臂分离器

图3-26 断开蓄电池负极电缆

三、更换前翼子板

汽车在交通事故中,前翼子板经常会发生剐蹭、碰撞等情况,对前翼子板进行更换时,需要拆下前保险杠、前照灯、前中网、挡泥板和装饰条等,其拆装过程如下。

1. 拆卸前保险杠

详见模块一　更换前保险杠。

2. 拆卸左右前照灯总成

拆下3个固定螺栓，脱开卡爪，断开插接器并拆下前照灯总成，如图3-27a）所示。

3. 拆卸左前翼子板内衬

（1）拆下前翼子板与挡泥板3个固定螺钉，取下挡泥板，如图3-27b）所示。对于比较难拆卸的塑料卡扣，可以使用如图3-28所示的塑料销钉拆卸钳进行拆卸。

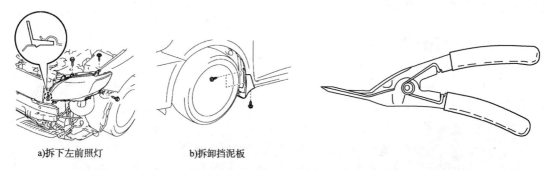

a）拆下左前照灯　　　b）拆卸挡泥板

图3-27　拆下左前照灯和挡泥板　　　　　　　图3-28　塑料销钉拆卸钳

（2）拆卸2个前翼子板外接板衬块固定螺栓，取下衬块，如图3-29所示。

（3）拆下左前翼子板内衬卡子和螺钉，拆卸左前翼子板内衬，如图3-30所示。

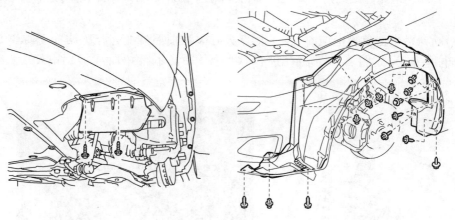

图3-29　拆卸前翼子板外接板衬块固定螺栓　　　图3-30　拆卸左前翼子板内衬

4. 拆下左侧转向信号灯总成

松开2个卡爪，按照如图3-31所示（1）和（2）方向拆卸侧转向信号灯总成。断开插接器，拆下侧转向信号灯总成。

5. 拆卸铭牌

如果要重复使用铭牌，小心拆卸左前翼子板上铭牌。在车身和铭牌之间插入钢丝，将能够充当手柄的木块系在钢丝的两端，拉动钢丝，刮除将铭牌粘贴在车身上的双面胶带，拆下铭牌，如图3-32所示。如果翼子板良好，只是更换铭牌时，需要在铭牌四周粘贴保护性胶带。

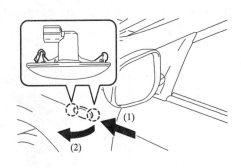

图 3-31 拆下侧转向信号灯总成

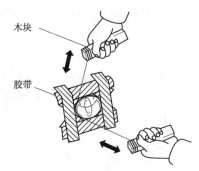

图 3-32 拆卸铭牌

6. 拆卸刮水器臂端盖

使用一字螺丝刀拆卸刮水器臂端盖,使用棘轮扳手、短接杆及 10mm 套筒拆卸刮水器臂固定螺栓,采用刮水器分离器分离刮水器臂,如图 3-33 所示。

7. 拆卸前围板上通风栅板

8. 拆卸左前翼子板固定螺栓

(1)拆卸前翼子板上端固定螺栓,如图 3-34 所示,要注意有一个固定螺栓位于风窗玻璃前,其位置较为隐蔽,如图 3-35 所示。

图 3-33 刮水器臂分离器

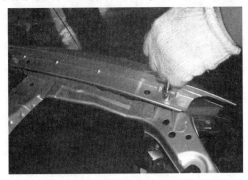

图 3-34 拆卸翼子板上端固定螺栓

图 3-35 左前翼子板风窗玻璃前固定螺栓位置

(2)使用棘轮扳手、短接杆和套筒拆下左前翼子板侧面固定螺栓,如图 3-36 所示。

(3)使用棘轮扳手、短接杆和套筒拆下左前翼子板下端固定螺栓,如图 3-37 所示。

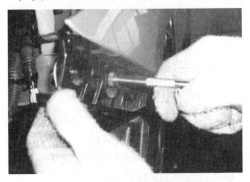

图 3-36 拆下翼子板侧面固定螺栓

图 3-37 拆下左前翼子板下端固定螺栓

(4)使用卡子拆卸工具脱开2个卡子和卡爪,并拆下前柱上盖分总成,拆卸装饰盖下翼子板固定螺栓,如图3-38所示。

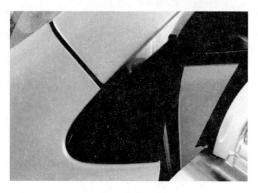
a)前柱上盖分总成

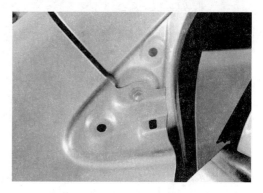
b)固定螺栓

图3-38 装饰盖下翼子板固定螺栓

(5)拆卸翼子板内侧衬块,衬块结构如图3-39所示,拆卸前翼子板内侧固定螺栓,如图3-40所示。

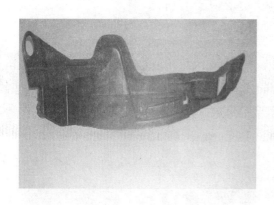
图3-39 翼子板内侧衬块

图3-40 前翼子板内侧固定螺栓

9. 按拆卸的相反顺序进行安装

前翼子板是用螺栓连接到散热器支架和轮罩上的。松开这些螺栓时,前翼子板可以向前后方向和内外方向移动,直到将前翼子板调整到与车门、前照灯、发动机舱盖等处间隙及配合良好为止。

10. 前照灯灯光的调整

为确保前照灯灯光的正确性,近光、远光都要进行检查。对光螺钉的最后一转应该是按顺时针方向。如果螺钉调整过度,则应将其拧松后再次拧紧,这样,螺钉的最后一转才能是顺时针方向。如图3-41所示,先调整垂直对光螺钉,顺时针转动对光螺钉可使前照灯对光上移,逆时针转动对光螺钉则可使前照灯对光下移。再调整水平对光螺钉,如果不能正确调整前照灯对光,则检查灯泡、前照灯单元和前照灯单元反射器的安装情况。

水平调整对光螺钉　　垂直调整对光螺钉

图 3-41　前照灯对光螺钉

11. 整理场地

清理工具、量具及设备，打扫卫生。

模块 3　更换前车门

车门是汽车车身主要组成部分，在乘客上、下车或装卸货物时，提供便利的通道；在汽车行驶时，封闭车身壳体，确保行车的安全。汽车的美观也与车门的造型有关。

一、车门的类型与结构组成

根据车门的开闭方式有：旋转式车门（顺开式车门和逆开式车门）、推拉式车门式、折叠式车门、上掀式车门和外摆式车门等形式。

轿车的车门一般由门体、车门附件和内饰盖板三部分组成。门体包括车门内板、车门外板、车门窗框、车门加强横梁和车门加强板。车门附件包括车门铰链、车门开度限位器、门锁机构及内外手柄、车门玻璃、玻璃升降机和密封条。内饰盖板包括固定板、芯板、内饰蒙皮、内扶手。门外板、门内板和加强板都由薄钢板冲压成形，并通过焊接连成一个整体的受力结构，如图 3-42 所示。

车辆的前、后车门是依靠车门前侧两个隐蔽式布置方式的铰链支撑在门框上，并实现车门开闭旋转运动，如图 3-43 所示。

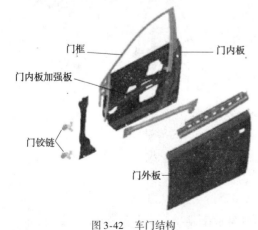

图 3-42　车门结构

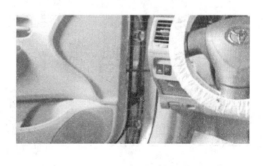

图 3-43　车门铰链

二、前车门的调整

在更换车门及修复严重损坏的门槛时,需要拆装车门。安装车门总成时,应确保车门与车门框紧密配合对中,保证车门与各处的缝隙宽度合适,开门时无运动干涉,车门是用铰链连接到车身上的,通过铰链,车门可以做上下、前后、内外移动。

调整车门的步骤一般如下。

(1)调整前,对车门关闭顺畅情况、铰链磨损情况、门手柄的动态及前后松动等情形进行检查及修复。

(2)车门铰链如果是用定心螺栓固定,调整车门时,可用带垫圈的标准螺栓替换定心螺栓,如图3-44所示。

(3)先松开车身上的铰链螺栓,调整车门与前翼子板、门框等处的间隙,使其平整、大小均匀,如图3-45所示。调整完毕后,紧固铰链螺栓。

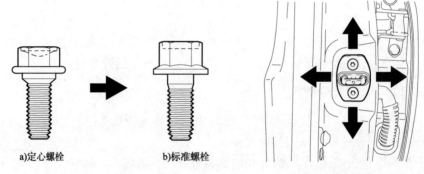

图3-44 定心螺栓和标准螺栓　　　　图3-45 调整锁扣位置

(4)松开车门上的铰链螺栓并调整车门平齐度。调整完毕后,紧固铰链螺栓。

(5)用梅花套筒扳手稍微松开锁扣安装螺钉,并用塑料锤敲击锁扣,以调整锁扣位置,如图3-46所示,调整完毕后,紧固锁扣安装螺钉。

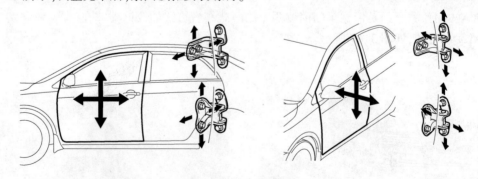

图3-46 调整车门间隙

三、工具与作业准备

1. 工具、设备与材料

快速扳手、接杆、螺丝刀、T30梅花套筒扳手、气钻或电钻、4mm钻头、铆钉机、新车门。

2. 作业前的准备

（1）汽车进入工位前，将工位清理干净，准备好相关的器材。
（2）将变速杆置于空挡或驻车挡（P位置），拉紧驻车制动器操纵杆。
（3）套上转向盘护套、变速杆手柄套和座椅套等，铺设脚垫。
（4）拉起发动机舱盖释放杆。
（5）拆卸左前轮，用三角木塞住后车轮，拆松左前轮轮胎螺栓，顶起前轮后拆卸前轮轮胎螺栓。
（6）按规范要求，断开蓄电池负极电缆，将点火开关和前照灯变光开关均置于OFF位置，并完全拧松电缆螺母。

四、更换前车门

车门是重要的部件，与门框的定位、间隙、密封要求都很高，如损伤严重，特别是严重折叠起皱变形的（图3-47），常采用更换车门门体的方法。

（1）拆卸前门内把手框、内饰板及拉手。用螺丝刀先后拆除前门内把手框、高音喇叭罩及连接器、前车门内拉手、玻璃升降器盖板及连接器、内饰板。

（2）拆卸车门内饰件、附件。

①拆下左前后视镜及前2号扬声器。

a. 脱开卡子和卡夹，并拆下前门下门框支架装饰条，如图3-48所示，脱开3个卡爪并拆下前2号扬声器总成。

图3-47 损伤严重的车门

b. 拆卸左前后视镜的3个固定螺栓，断开后视镜导线插接器，拆下后视镜，如图3-49所示，注意拆松固定螺栓后，要扶住后视镜，以防后视镜往下掉而损坏。

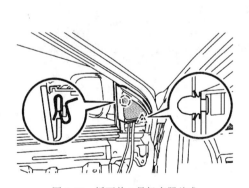

图3-48 拆下前2号扬声器总成

图3-49 拆卸后视镜固定螺栓

②拆卸1号扬声器总成。断开插接器，如图3-50所示，用直径小于4mm的钻头钻削3个铆钉，拆下前1号扬声器总成。操作时要小心，因为铆钉切口会很热。

③拆卸车门装饰板支架，如图3-51所示。

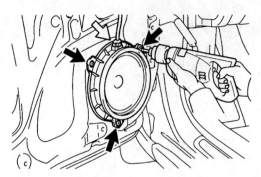

图3-50 拆卸1号扬声器总成

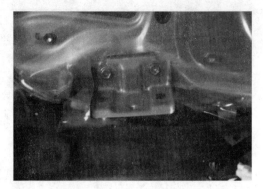

图3-51 车门装饰板支架

④拆卸前门玻璃分总成。连接蓄电池负极端子,连接电动车窗升降器主开关总成,并移动前门玻璃分总成以便能看到车门玻璃螺栓,如图3-52所示。断开蓄电池负极端子和电动车窗升降器主开关总成。此时需要两人协作,避免车门玻璃掉落损坏。

⑤拆卸前门窗升降器分总成。拆卸前门窗升降器分总成,断开插接器,拆下5个螺栓,将前门窗升降器分总成和前电动车窗升降器电动机总成作为一个单元拆下,如图3-53所示。从前门窗升降器分总成上拆下临时螺栓。

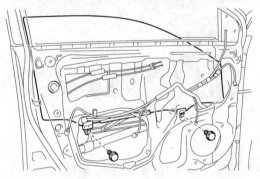

图3-52 车窗玻璃螺栓

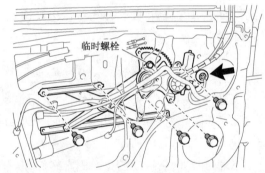

图3-53 拆下前门窗升降器分总成

⑥拆下螺栓,拆下导管和前门2号加强垫,如图3-54所示。

⑦拆下前门玻璃升降槽。

⑧脱开卡子并拆下门框装饰条。需要更换新的卡子,因为在拆下门框装饰条时卡子会损坏,如图3-55所示。

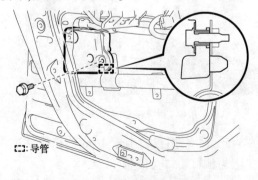

图3-54 拆下导管和加强垫

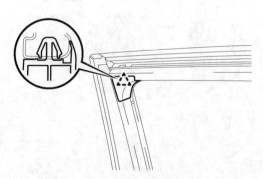

图3-55 拆下门框装饰条

⑨拆卸前门外把手盖。

⑩拆卸前门门锁总成。

a. 先用T30梅花套筒扳手拆下3个螺钉,向下滑动前门门锁总成,将前门门锁总成和拉索作为一个单元拆下。将门锁线束密封从前门门锁总成上拆下,如图3-56所示。

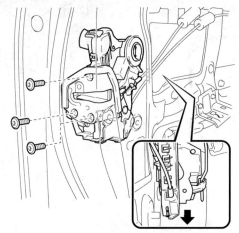

图3-56　拆下前门门锁

b. 拆下前门锁止遥控拉索总成(图3-57)和内侧锁止拉索总成(图3-58)。

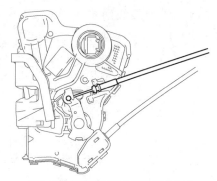

图3-57　拆下前门锁止遥控拉索总成

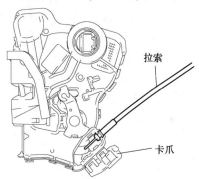

图3-58　拆下前门内侧锁止拉索总成

c. 使用内梅花套筒扳手拆下螺钉,断开插接器,脱开卡爪,如图3-59所示,用钳子脱开密封垫。脱开卡爪(A)并拆下前门外把手框分总成。

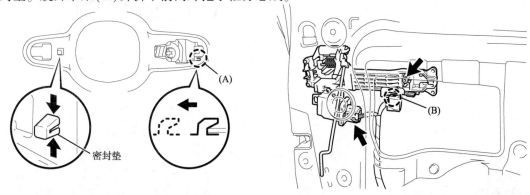

图3-59　拆下前门外把手框分总成

d. 拆卸前门锁开启杆(图3-60)和车门电子钥匙振荡器(图3-61)。

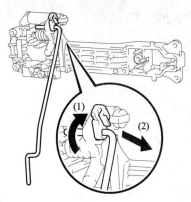
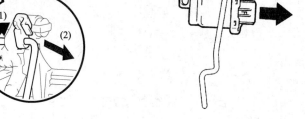

图3-60 拆下前门锁开启杆　　　　　　图3-61 拆下车门电子钥匙振荡器

（3）拆下车门。

① 如图3-62所示，拆下前车门开度限位器总成。

② 用卡子拆卸工具脱开卡子，拆下前门密封条。

③ 在前门腰线防护条总成四周粘贴保护性胶带，用头部缠有胶带的螺丝刀脱开车门内部的5个卡爪，用防护条拆卸工具，脱开卡子并拆下前门腰线防护条总成，如图3-63所示。

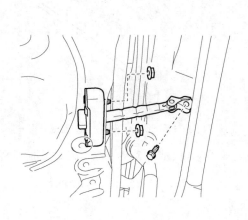
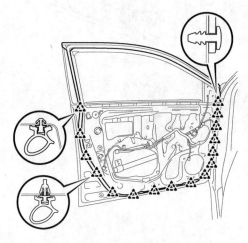

图3-62 拆下前车门开度限位器总成　　　　图3-63 拆下前门密封条

④ 拆下车门上所有线束。

⑤ 用支架或用千斤顶配合木块或夹具将车门顶住或由一名技师扶住车门，拆卸车门铰链固定螺栓，确认车门框或门槛是否需要修复，检查车门铰链是否损坏。

（4）视情况修复门槛、门框等车门相关部件。

（5）安装车门附件及调整。按拆卸相反顺序安装车门。安装后，对车门与门框的配合进行检查，各处的间隙应匀称合适。进行涂装处理后，安装车门附件及内饰件。关闭车门玻璃,检查玻璃与其导槽之间有无间隙存在,并进行相应调整。对电动窗功能进行检查,上下移动玻璃,检查玻璃是否可以移动自如。对门锁、扬声器、后视镜、门灯等进行检查。

(6) 整理场地。清理工具、量具及设备,打扫卫生。

模块4　更换前风窗玻璃

前风窗玻璃是汽车前部用于挡风以及可提供驾驶员清晰视野的安全玻璃。前风窗玻璃对汽车的外形、空气阻力也有着较大影响。

为了保证前风窗玻璃的安全作用,轿车普遍采用夹层玻璃,它一般是用两块或三块薄玻璃板,中间夹入透明胶层经强力压制而成,成夹层式安全玻璃。在受到重击时,前风窗玻璃就会瞬间变成带钝边的小碎块,中间夹层可以将破碎的玻璃黏结在一起,不会给人员造成更大的伤害。

一、前风窗玻璃的密封性

风窗玻璃与窗框之间的连接方式可分为橡胶条嵌接式和直接黏结式。近代轿车前、后风窗玻璃和后侧围玻璃均采用黏结方式,取代了传统的橡胶密封条,既美观又简化了装配工艺,还增加了车身的扭转刚度。

目前,汽车玻璃的黏结材料是玻璃胶,玻璃胶的可使用时间受风干时间、环境温度和相对空气湿度等影响,暴露在空气中的时间超过10min,表面会形成薄膜,影响黏结效果。在操作过程中,应尽量缩短玻璃胶在空气中的风干时间并选择在环境温度低和风速小的工作环境中。

并非更换前风窗玻璃才需要对风窗玻璃进行拆卸及安装,如果前风窗玻璃漏水,有时也需要对风窗玻璃进行拆装。造成前风窗玻璃漏水或往仪表台面漏风的原因包括以下三个方面。

(1) 前风窗玻璃与风窗框配合不匹配。一般是因为前风窗框修复没有达到要求,例如对角线尺寸没达到标准尺寸,平面度、弧形度没达到安装玻璃的要求。解决办法是拆下前风窗玻璃,对玻璃框重新进行修复校正,使玻璃框与前风窗玻璃相吻合。

(2) 黏结面的清理、清洁不到位。例如未使用正确的清洁剂或使用代替品清洁玻璃框表面及玻璃黏合面等,造成玻璃框和黏结剂、黏结剂和玻璃不能紧密结合。解决此种情况必须拆卸前风窗玻璃,重新按标准工艺、操作规范进行安装。

(3) 其他原因。例如黏结剂未涂抹均匀,出现高度太低、断口、搭接不紧密、气孔等现象,黏结剂涂抹太高也不好,玻璃安装后会看见多余的黏结剂,影响美观。解决办法是挤玻璃胶时保持高度一致,为10~12mm,换玻璃胶时前后段的玻璃胶不对接而是搭接。构件在碰撞或修复过程中,在角落部位搭接处出现开裂、开焊等现象,解决办法是进行焊接修复。玻璃框修复后没进行防锈处理,生锈造成玻璃胶和玻璃框不能结合,或者防锈漆有质量问题也会导致此种现象,解决办法是采用厂家指定的防锈漆按照规范进行防锈处理。

二、工具与作业准备

1. 工具、设备与材料

小铲刀、钢丝拉手及钢丝、吸盘、玻璃胶枪、翼子板护垫、仪表台保护垫、扳手、螺丝刀、卡子拆卸工具、零件胶箱、前风窗玻璃、玻璃外防护条、玻璃胶、除油剂、除尘布、纸胶带。

2. 作业前的准备

（1）汽车进入工位前，将工位清理干净，准备好相关的器材。

（2）将变速杆置于空挡或驻车挡（P位置），拉紧驻车制动器操纵杆。

（3）套上转向盘护套、变速杆手柄套和座椅套等，铺设脚垫。安装两前翼子板护垫，安装仪表台保护垫。

（4）拉起发动机舱盖释放杆。

（5）如果前风窗玻璃被撞碎，需要细心清理碎片。

三、更换前风窗玻璃

更换风窗玻璃是一项细致的工作，不当的操作会造成漆面和仪表台刮花、玻璃漏水和漏风或者玻璃损坏等问题。

1. 拆卸前风窗玻璃相关附件

（1）拆卸前刮水器臂的端盖，拆下刮水器臂锁紧螺母及前刮水器总成，如图3-64所示。

（2）脱开卡子和卡爪，拆下前围板左通风栅板、右前围板上通风栅板、前围板右通风栅板，如图3-65所示。

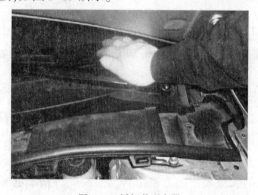
图3-64 拆卸前刮水器

图3-65 拆卸通风栅板

2. 拆卸前风窗玻璃相关附件

（1）保持手的清洁或戴上干净的手套，用干净的工具拆下前立柱左侧装饰板，按同样方法拆卸前立柱右侧装饰板，前立柱装饰板拆卸后里面有电器及导线，切割玻璃胶时要注意保护，如图3-66所示。

（2）按照图3-67中箭头指示的方向滑动车内后视镜总成，将车内后视镜拆下。拆下后视镜后，要将后视镜插头连接线束轻轻向外拉直，避免线束在顶篷内有因折叠而造成折断现象。

图 3-66　前立柱上的电器及导线

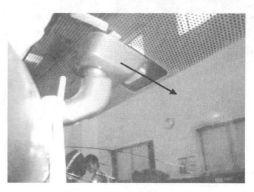
图 3-67　内后视镜拆卸方法

3. 拆卸前风窗玻璃

（1）用刀子切开前风窗玻璃上侧外防护条。切割时，刀子应尽可能靠近玻璃的边缘，控制力度，以防造成人身伤害和损坏周围的漆面、附件。

（2）从车内将钢丝穿过车身和风窗玻璃之间的间缝，在钢丝的两头系上钢丝把手，沿风窗玻璃分总成周围拉动钢丝以切除黏结剂，如图 3-68 所示。

从车上分离风窗玻璃分总成时，注意不要损坏车身油漆或内、外装饰件，在车身上尽可能多留黏结剂；切割过程中，为了防止刮伤仪表板，在钢丝和仪表板之间要放置一块塑料片或硬纸板。

（3）使用吸盘拆下风窗玻璃，如图 3-69 所示。

图 3-68　钢丝穿过车身和风窗玻璃间的间缝

图 3-69　用吸盘卸下风窗玻璃

4. 清洗

（1）取下风窗玻璃后，用气枪清理残留的玻璃碎片。

（2）清理后，用刮刀刮除窗框凸缘上残留的玻璃胶。

（3）修整凸缘表面，使之光滑平整，当心不要损伤车身表面的漆层，如果漆层表面损伤，应使用防锈剂处理损伤区域并喷涂漆面。

（4）用除油剂和除尘布清洁玻璃框表面。

5. 安装前风窗玻璃

（1）两名技师协作将风窗玻璃从包装盒中取出，放置牢固，不刮花玻璃表面。

（2）用非残留性溶剂清洗玻璃外边缘，清洁后不能再触摸玻璃。即使使用新玻璃，也要用非残留性溶剂清洁玻璃，如果安装从车上拆卸下来的风窗玻璃，需要使用刮刀拆下损坏的挡块、密封条和刮除粘在玻璃上的玻璃胶。

（3）安装风窗玻璃外防护条，如图3-70所示，在风窗玻璃上安装新的风窗玻璃黏结剂密封条。

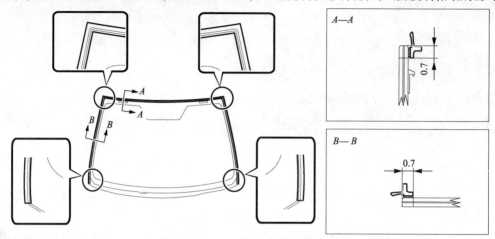

图3-70　安装风窗玻璃外防护条

（4）切掉玻璃胶枪嘴头后，将玻璃胶筒装在胶枪上，将黏结剂涂到玻璃上。应在环境温度为35℃时，15min内完成作业；在环境温度为20℃时，30min内完成作业。

玻璃胶存放6个月以上，会失去密封效能，应保存在低温处，不要直接暴露在阳光下。玻璃胶上不要放置任何重物，否则它会变形。

为了便于形成高度为3~4mm和宽度为4~5mm的涂胶轮廓，应使胶枪枪孔直径为5mm，玻璃胶枪嘴端部切割成V形以方便玻璃胶的涂敷，如图3-71所示。涂胶后的玻璃要按定位标记镶装到车窗，握拳轻捶玻璃的四个外边缘，压平、压紧，最后用刮刀刮去溢出的玻璃胶。

（5）将玻璃放到正确的位置，要使玻璃边缘的整个接触表面完全平整，轻压玻璃外表面，确保其牢固安装到车身上。

（6）如有必要，用刮刀修正涂抹的黏结剂的高度或位置。

（7）用保护性胶带固定风窗玻璃，如图3-72所示，直到涂抹的黏结剂硬化为止。要根据环境温度，选择在相应的时间驾驶车辆，例如在环境低于温度35℃时，不要在12h内驾驶车辆，在环境低于温度20℃时，不要24h内驾驶车辆。

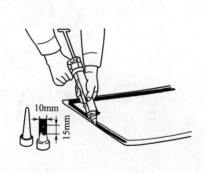

图3-71　V形胶枪嘴

图3-72　用保护性胶带固定风窗玻璃

6. 安装附件

按拆卸相反顺序安装相应附件。

7. 检查玻璃应无漏水现象

黏结剂硬化后，在玻璃周围喷水，检查有无水渗入车厢。如果有，等水干后，补涂玻璃胶或拆下风窗玻璃重新安装。检查前刮水器摆动幅度是否在标准范围之内，如前风窗玻璃的刮水器喷水在刮水器臂上的，在按下喷水开关时是否有玻璃洗涤剂喷出，喷水角度是否合适；内后视镜的角度调回原状。

更换后在行驶过程中发出维修之前没有的异响，一般原因如下：风窗玻璃下饰板的流水槽内有残留的玻璃碎片、物品或工具，前风窗玻璃前围板通风栅板安装不到位或固定卡扣松动，必要时换用新卡扣。

8. 清洁车身

先用非残留性溶剂清洗撕去保护性胶带后留下的残余胶，然后对车的外表进行清洗；再对车的仪表台、内饰进行清洗，所有物品回归原位。

9. 整理场地

清理工具、量具及设备，打扫卫生。

模块 5　更换前立柱

在轿车车身结构中，有些重要零件的位置涉及车辆的整体布置、安全及驾乘舒适性问题，例如立柱。一般轿车车身有三个立柱，从前往后依次为前立柱（A 柱）、中立柱（B 柱）、后立柱（C 柱）。对于轿车而言，立柱除了支撑作用，也起到门框的作用。前立柱与防碰撞横梁连接，确保在万一发生严重侧撞或翻车事故时碰撞冲击力不侵入乘员安全空间，保护乘客的安全。

一、前立柱的结构

车身前立柱是汽车车身结构的重要构件，前立柱的形状随车身的不同而变化，一般前立柱有两件结构或三件结构，如图 3-73a）所示。在前立柱的上端或下端增加加强筋，或在两端均采用加强筋。前立柱是箱形钢梁，它向上延伸到车顶，向下延伸到车门下槛板。

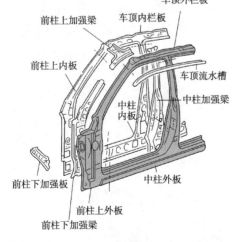
a）前立柱结构

b）受损严重需要更换的前立柱

图 3-73　轿车前立柱

二、工具与作业准备

1. 工具、设备与材料

气钻及8mm的钻头(图3-74a)、气动铲(图3-74b)、气动锯(图3-75)、气动打磨机(图3-76)、气动砂带打磨机(图3-77)、各种钣金专用大力钳(图3-78)等,车身矫正仪(图3-79)、CO_2保护焊机、前立柱(图3-73b)、前风窗玻璃、右前翼子板。

a) 气钻

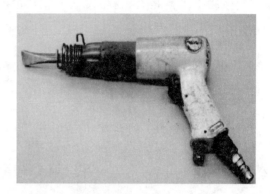

b) 气动铲

图3-74 气钻与气动铲

图3-75 气动锯

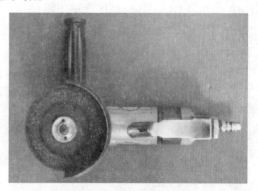

图3-76 气动打磨机

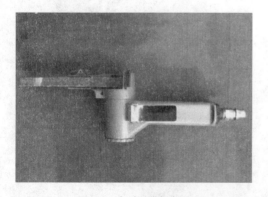

图3-77 气动砂带打磨机

图3-78 大力钳

2. 作业前的准备

（1）事故车进入工位前，将工位清理干净，准备好相关的器材。

（2）将变速杆置于空挡或驻车挡（P 位置），拉紧驻车制动器操纵手柄。

（3）用三角木塞住车轮。

（4）将点火开关和前照灯变光开关等均置于 OFF 位置，断开蓄电池负极电缆，并完全拧松电缆螺母，进行这些操作时，不得扭曲或撬动电缆，最后断开电缆。

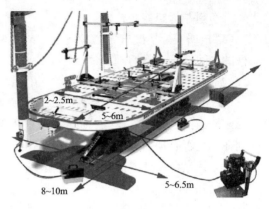

图 3-79　车身矫正仪

三、更换前立柱

前立柱受损变形严重，受力情况复杂，还有撕破的裂口，没有修复价值，确定更换。对其进行切割更换时，可以采用插入件平接或交错平接的连接方式。

1. 拆卸风窗玻璃等相关的部件并进行检查

（1）拆卸前风窗玻璃、左前翼子板及内衬。

（2）检查翼子板内板有无损坏，如图 3-80 所示。

（3）拆卸驾驶室内仪表台、座椅、地毯、饰板等。

（4）检查车身顶盖和车身底板等部位的变形，应先使大面积的部位变形得以恢复。

2. 切割

切割前先对变形的立柱进行拉伸校正，如图 3-81 所示，目的是修复间接损坏的区域。直接碰撞损坏车身构件的整形和间接碰撞损坏车身构件的整形是有区别的。对于直接碰撞损坏，需要直接修复，而对于间接碰撞修复，有的并不需要直接修复，将直接碰撞损坏部位修复后，间接碰撞损坏部位可以恢复到原来的外形状态。

图 3-80　检查翼子板内板

图 3-81　先对立柱进行矫正

3. 切割并拆卸前立柱

(1) 根据实际情况确定切割位置。前立柱通常不在中间部位进行加强，因此，可选择前立柱的中间部位进行切割。

(2) 根据实际情况进行画线切割，用气动锯切割立柱外板。

切割时要遵循避重就轻、易于修整、便于施工、避免应力集中等原则。要求切口位置一定要避开构件的强度支撑点，选择不起重要支撑作用的切割位置。同一构件上强度大小的区别在于是否有加强板等结构件在起辅助增强作用。

前立柱是由两件或三件组成，在上端、下端或上下两端均有加强件，但不大可能在中间加固。因此，前立柱应在中间附近切割，以避免割掉任何加强件，对前立柱的切割，可用纵向切割，其上端切割位置如图3-82所示，其下端切割位置如图3-83所示。

图3-82　前立柱上端切口　　　　　　　　图3-83　前立柱下端切口

(3) 使用气动铲或其他工具将需更换部分从车身上拆下。

(4) 对车身上的接口部分进行打磨和整理。用气动打磨机磨去原来的焊痕，用锤子和垫铁将端口变形修整好；接口处位置有误差时，还应先行矫正，将焊缝两面的焊渣除净，并在焊接面上涂敷防锈剂。

4. 安装立柱

(1) 按照受损变形的区域尺寸进行测量后切割，在立柱安装前将内板按汽车生产厂家要求进行防腐处理。

(2) 进行立柱外板的对位。如图3-84所示，将替换件对接车身上的切口，并确认其位置正确、缝隙不大于1mm，用夹钳将立柱外板固定在车身上，然后采用CO_2保护焊，按主次定位关系做定位焊，间距为50mm。

(3) 对好位的立柱先做定位焊后，将车附件安装对位，确认外观缝隙及立柱与门之间的密封性，拆下附件后对焊接接口进行切割，并做好对焊准备，同时在新立柱外板的边缘钻孔，如图3-85所示，孔径为8mm，数量是原来焊点的1.3倍。如果采用塞焊，则应在构件拟焊部位用冲孔钳或电钻加工出塞焊孔。

(4) 更换完毕后的前立柱应使固定在柱子上的前车门关闭自如，并与后门的间隙、平面高度达到汽车生产厂家的标准。

(5) 打磨接口，进行防锈等处理，进行车身涂装后，安装相关部件。

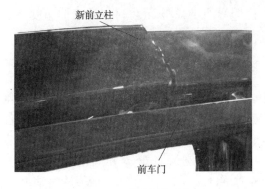
图 3-84 立柱外板的对位

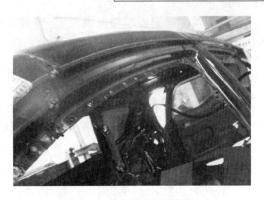
图 3-85 新立柱外板钻孔位置

5. 整理场地

清理工具、量具及设备,打扫卫生。

模块 6 更换后翼子板

后翼子板是车身后部的重要构件,由外板覆盖件和内板加强件,采用树脂或电阻点焊等形式将其连接成一体,其结构如图 3-86 所示。在制造时后翼子板与车身是一体的,后翼子板与车身后立柱、车顶侧内板、行李舱后挡板等处通过焊接方式连接,后翼子板与后车门、行李舱盖或后尾门和后窗玻璃、后尾灯和后保险杠等衔接。当车辆发生尾部碰撞时,后翼子板会产生一定的变形来吸收因碰撞产生的载荷;车辆发生尾部严重事故,修理难度加大,多采用后翼子板更换的修理工艺来进行修复。而受损零件的修复与更换是困扰汽车维修企业的一个难题,也是汽车车身修复技术人员必须掌握的一项技术,是衡量汽车车身修复水平的一个重要标志。

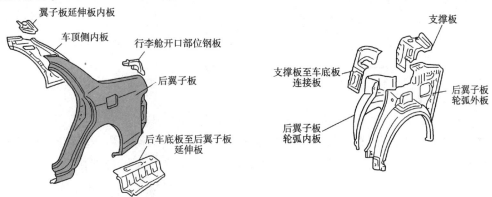
图 3-86 后翼子板的结构

一、更换后翼子板的原则

对损伤的板件是进行修理还是更换,经常存在不同的意见。一般有以下原则。
(1)结构性板件能修理则不更换,对于损伤严重变形的板件,建议进行更换。
(2)覆盖性板件能更换则不修理,对于损伤较轻的板件,建议进行修复。

(3) 应遵循金属板变形极限原则,当金属板件的弯曲半径小于 3.2mm 或弯曲角度大于 90°时,一定要进行更换操作。

二、需更换后翼子板切割区域的选择

在板件更换工作中,有两种情况,一个为整体件更换,另一个为局部更换,后者又称分割更换。后翼子板更换为局部更换,选择切割区域时,应保持原构件的强度,在进行车身构件的切割时,应遵循以下原则:切口位置避开构件的支撑点、加强结构处,容易对接口、焊缝进行修整,便于施工,无应力集中,尽量在焊面短处进行气动锯的切割,这样焊接变形较小等。后翼子板与行李舱是采用焊接方式连接,所以修复时,可以拆除,一般后翼子板需要切割的部位有两个:一个是在车身后立柱上部,在车顶侧板接近车顶 200mm 左右的地方,如图 3-87a) 所示,另一个是在翼子板轮缘边缘和车门槛板靠近轮眉 100~200mm 的地方,如图 3-87b) 所示。对于后翼子板外板碰撞损坏,还可以根据碰撞情况和备用构件的具体情况,按实际情况对损坏的构件进行割除。

a)切割接近车顶处的后翼子板

b)切割接近轮眉处的后翼子板

图 3-87 切割不同位置处的后翼子板

三、工具与作业准备

1. 工具、设备与材料

棉丝手套、焊接手套、耳罩、透明面罩、自变色焊接面罩、护膝、焊接服、大力钳、锤头、带式打磨机、錾子套装、斜口钳、气动切割锯、专用去点焊钻、气动研磨机、二氧化碳气体护焊机、电阻点焊机、右后翼子板、后风窗玻璃、行李舱盖、右后尾灯、右后转向灯、后保险杠。

2. 准备工作

(1) 汽车进入工位前,将工位清理干净,准备好相关的器材。
(2) 将变速杆置于空挡或驻车挡(P 位置),拉紧驻车制动器操纵杆。
(3) 套上转向盘护套、变速杆手柄套和座椅套等,铺设脚垫。
(4) 对驾驶室内座椅、饰板、地毯、门玻璃进行遮护。
(5) 将车辆固定在车身校正仪上,车辆前部可以使用拉动设备固定,如图 3-88a) 所示,车身底部可以通过固定夹固定,如图 3-88b) 所示。

a) 车身前端的固定　　　　　　　　　　　b) 车身底部固定

图 3-88　将车身固定在车身校正仪上

四、更换后翼子板

1. 损伤板件分离作业

（1）使用相应的拆卸工具拆卸妨碍矫正、切割、焊接的行李舱边框饰板、后排座椅、后窗台板及后挡风玻璃、C 立柱装饰板、后座安全带、后保险杠、燃油箱等辅助部件。

（2）使用直尺和记号笔确定并划出车身顶端处切割范围。操作时，方向最好与车身基准面垂直，有利于操作。

（3）按照所作切割位置记号，使用气动割锯对后翼子板进行粗切割，如图 3-89 所示。切割操作过程中，只能对覆盖件表面进行切割，不能损伤内部结构性板件。

（4）用去除点焊钻或去点焊工具，将需分离的车身板件所有焊点去除。去除点焊操作时，只能对覆盖件的钢板进行切削，防止打穿或损伤内板。焊点全部去除后，使用錾子对焊点进一步錾削，并取下后翼子板总成，如图 3-90 所示。

图 3-89　对后翼子板粗切割　　　　　　图 3-90　取下后翼子板

2. 新件更换准备作业

（1）使用分离工具对新板件进行粗切割。

（2）用砂纸或研磨工具清除新板件的底漆，并在打磨区域喷涂导电底漆，如图 3-91 所示。

(3)使用钻削工具打塞焊孔,如图 3-92 所示。塞焊冲孔的直径及数量参考维修手册标准,一般后翼子板的孔径为 5mm。

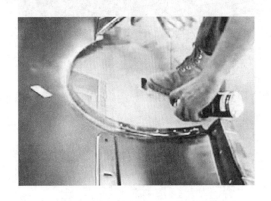

图 3-91 喷涂导电底漆

图 3-92 打塞焊孔

3. 车身底部板件更换前准备作业

(1)使用研磨工具等设备,将车身底部板件残留电阻点焊焊点、旧漆层、油漆等处理干净,如图 3-93 所示。

(2)结构性板件修理,按照维修手册标准维修,达到标准后,进行新板件更换操作。

(3)车身修理区域喷涂导电底漆。

4. 新件的安装与定位

(1)使用测量工具,测量后车门开口处的对角线尺寸,确定外板位置,如图 3-94 所示。测量尺寸允许误差应在 ±3mm 范围。

(2)查阅后车门框、行李舱框定位尺寸说明图,临时固定后车门与后翼子板配合间隙检查,

图 3-93 打磨处理

后车门与后翼子板的配合标准间隙为 4mm,如图 3-95 所示。

图 3-94 测量外板位置

图 3-95 间隙检查

(3)临时安装后挡风玻璃、行李舱盖、后尾灯总成、装后保险杠,并分别检查与后翼子板的配合间隙,将配合间隙调整到规定范围。

5. 新件的精确切割

(1) 使用分离工具将拼接部位多余的板件切除,拼接部位的间隙应保证在 0.5~1mm 的范围。

(2) 通过调整、固定、再次检查验证等作业后,确认新件与车身底板的配合尺寸和位置正确无误后,转入焊接作业。电阻点焊(图 3-96)焊接焊点应比钻削作业的焊点多出 20%~30%,镀锌板材料,电阻点焊的电流应比普通板电流大出 20%~30%。塞焊时(图 3-97),焊接顺序应遵循先中间后两边的原则,以减少焊接变形。正式焊接前应进行试焊强度检测,强度达到标准后再进行车身焊接作业。对接焊时,应遵循分段焊接原则,以减少焊接变形。焊接后,用手砂轮磨削接合处高出覆盖件表面的焊疤,要与表面平齐、光滑、不能有毛刺。

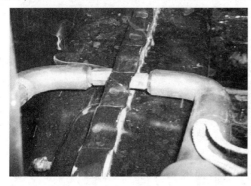

图 3-96 电阻点焊

图 3-97 塞焊

6. 整理场地

清理工具、量具及设备,打扫卫生。

单元四
钣金修复车身构件

> **学习目标**
>
> 完成本单元学习后,你应能:
> 1. 认识汽车塑料件的类型、性能及辨别方法,能按照正确的工艺流程进行保险杠的修复作业。
> 2. 了解车身翼子板的类型和安装位置;车身翼子板的结构和功用,分析翼子板的损伤程度,判断是修还是换,能够按照正确的工艺流程进行车身翼子板的校正作业。
> 3. 根据车门受损情况,判定并会对车门进行手工修复或利用车身修复机修复。
> 4. 了解发动机舱盖的安装位置、结构和功用;能按照正确的工艺流程进行发动机舱盖的拆装、调整及修复作业。
>
> 建议课时:22课时。

模块1 修复前保险杠

一、前保险杠维修方案的选择

汽车保险杠损坏后在汽车修理过程中一般有两种修理方案:一是更换保险杠;二是修复保险杠。具体采用哪种维修方案,根据损坏的程度而定。

根据前保险杠的损坏程度,可以分为轻度损坏、中度损坏和严重损坏,轻度损坏一般是指保险杠表面刮痕。保险杠中度损坏一般是指保险杠变形不大的损坏,例如有小的裂缝、撕裂、凹槽或孔等。前保险杠因为更换成本较高,对其轻度损坏和中度损坏维修是合理的。保险杠严重损坏后,保险杠损坏面积较大或裂纹较多,如图4-1所示。缓冲材料及前横梁也可能损坏,此时,应将前保险杠总成进行更换。总之,当维修成本超过或接近新部件的成本时,应选择更换保险杠。

图4-1 需要更换的保险杠

二、前保险杠的材料及其种类

保险杠材料可以分为钢材、铝合金、玻璃纤维增强塑料和塑料等类型。钢材保险杠主要应用于货车;玻璃纤维增强塑料俗称玻璃钢,通过其裂口可以明显地看出其材质,玻璃纤维增强塑料保险杠一般应用于中小型客车;铝合金保险杠一般用于越野车和小型客车。目前,绝大多数轿车使用的是塑料保险杠。

1. 塑料的种类

汽车材料中塑料制品占到15%,塑料可以分为热塑性塑料和热固性塑料。汽车前、后保险杠一般都是采用热塑性塑料,热塑性塑料在被加热至软化点后,具有一定的流动性,所以加工成形方便,热塑性塑料耐热性能差,容易变形,可以使用焊接修复,也可以采用黏结修复,轿车上的保险杠、燃油箱、车内饰板等一般为热塑性塑料,热塑性塑料有聚乙烯、聚丙烯、聚甲醛等类型。热固性塑料受压不易变形,力学性能较差,其硬化后获得永久形状,加热会使其烧焦,也不能重新成形,更不能焊接,维修时只能采用粘接的方法,常用于汽车上的点火线圈及印刷板电路等,热固性塑料有环氧树脂、酚醛树脂等类型。

2. 塑料的鉴别方法

不同种类的塑料其材料性能不同,修复方法也就不同。因此,对塑料种类的鉴别很重要。正确识别塑料种类方有以下5种。

(1)根据国际符号或ISO进行识别,塑料件背面有一个模压在椭圆内条款号或缩写,可以根据此特点进行识别,如图4-2a)所示。

(2)查阅维修手册进行识别,未标注国际标准符号的塑料件,可查阅最新版车身维修手册予以识别,如图4-2b)所示。

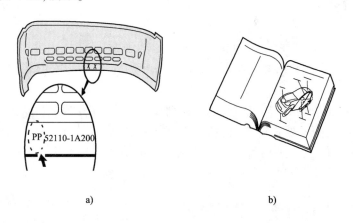

图4-2 根据塑料保险杠背面的标记或查阅维修手册进行识别

(3)试焊接识别,在部件的隐秘区或损坏区选择一种塑料焊接条进行试探性焊接,能与之焊合的即为此种焊条类型的塑料品种。不同焊条的颜色不一样,常用的有6种左右,在试焊接前应对塑料件大致判断其种类,尽可能一次将焊条种类选择正确,然后再进行试焊。如图4-3所示。

(4)敲击法:用手敲击塑料制品内侧,PU塑料声音较弱,PP塑料声音较脆。

(5)其他简易鉴别法:PU塑料用砂纸打磨后没有粉末,而PU塑料易被划伤,PP塑料不

图 4-3 塑料焊条颜色

易划伤等。保险杠塑料的鉴别可将加热焰炬距离塑料 25mm 左右进行加热 10s 左右,如果不能变软,即为热固性材料。

三、塑料件的修补

1. 塑料件的粘贴与修补

车身塑料件的粘贴方法,有热熔胶粘、溶剂胶黏和胶黏剂粘三种。对于热塑性塑料,这三种方法都适用;而对热固性塑料,则只能用黏贴剂粘。粘贴法具有简单、适用面广等优点,可以有效地粘贴断裂、填充裂缝、修补凹陷等。

1)热固性塑料的胶黏与修补

热固性塑料主要用来制作保险杠、前隔栅、阻流板、轮辋罩等,其常见损伤形式是断裂,胶粘如图 4-4 所示的碎块时,应现将胶粘面及周围清洗干净,然后使用速干胶将断口粘起来,并及时校准碎块与基础件相对位置。如碎块短缺,可从废弃的车身塑料件上切补,但要使接口平整、无缝,无误后再用速干胶将其全部断缝填满。

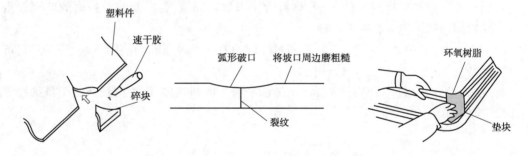

图 4-4 用速干胶黏结塑料件

对于承受载荷的塑料件,除了按上述方法胶黏牢固外,还可以在断缝的背面用热熔式胶枪将断缝填补起来。

当塑料件需要修补时,将环氧树脂和固化剂按 1:1 的比例调和后,涂施于打磨好的凹陷处,如图 4-5 所示,注意不要存留气泡、蜂孔等;用热风机或红外线烘灯等,使其在 50℃ 的温度下干燥 30min 以上,再分别用粗、细砂纸将涂补处按原形打磨平整。打磨过程中不得用力过猛,并注意擦伤未损坏部件及塑料件的表面。

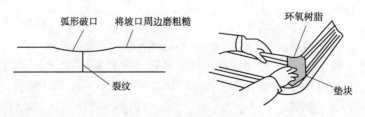

图 4-5 局部缺陷的修补

2)热塑性塑料的胶粘与修补

车身上的很多塑料件,都是用热塑料性塑料制成,如车身内饰件、电器操纵箱、冷暖风机壳和前后保险杠等。其中比较有代表性的是聚丙烯（PP）塑料，不仅可塑性好，而且具有质量轻、耐疲劳、抗冲击能力强等优点。

对于车身上热塑料件的断裂，可采取图 4-4 所示的方法，用胶黏剂直接进行胶黏。所使用的胶黏剂有：国产 HY-914、J-11、JC-15、705、SA102、TY201 等。同样，在裂纹的背面也可利用热熔胶枪作进一步加固。

当车身塑料件发生缺陷性损伤时，可参照图 4-5 所示的方法，先用细砂纸将需补表面打磨粗糙，然后涂上一层 PP 塑料底漆，再用环氧树脂腻子缺陷修补平整，烘干固化后再分别用粗、细砂纸按原样打磨光滑即可。

有些 PP 塑料保险杠或仪表板，为改善外观和涂装性能，而在其表面添加了一层橡胶状弹性纹理，这给修补工作造成了一定的难度。用上述方法修补后，需要用 PP 塑料专门涂料，对修补过的部位进行认真的表面喷涂处理。这种新型涂料不仅能改善二元环氧树脂与 PP 塑料的亲和性，对外观的涂装效果也远比其他涂料优越得多。当然，如果属于没有进行过纹理改进的车身塑料件，发生轻度裂纹或表面划伤时，只需直接使用这种新型涂料，就可以达到遮盖表面损伤的目的。

2. 塑料件的热校正

由于大多数车身塑料件都具有良好的弹性和揉性，所以受到冲击、挤压等机械损伤时，往往以弯曲、扭曲或弯扭变形共存的综合变形出现。可采用热校正的方法使变形得到恢复。

当车身塑料件的变形与断裂并存时，应先进行热矫正后再按前述方法黏合断裂。一般先将发生整体变形的塑料件置于 50℃ 的烘箱内加热 30min，然后再用手将变形依原样恢复。如果是局部小范围变形时，可使用热风机等对变形部位加热如图 4-6 所示。由于热风机存在加热不均的缺点，容易造成局部过热而烧损塑料件，操作时最好于变形部位的背面烘烤，待塑料稍一变软就立刻用手进行按压、矫正。

对于图 4-7 所示那样较大的变形，应使用红外线烘干灯来加热变形部位，当塑料件稍微变软，就应立即对变形部件加压、矫正。为了获得良好的外观，矫正较大面积的变形时，还应借助一些辅助工具；如光滑的木板等。否则，仅凭手指难以将变形矫正。

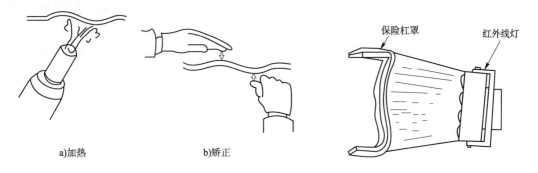

图 4-6　塑料件的热矫正　　　　　　　图 4-7　用红外线灯加热变形部位

由于红外线烘干灯加热效率高、温升快，注意控制塑料件的受热温度，一般应以 50～60℃ 为宜，不得超过 70℃，以免产生永久性变形。完成矫正后，应让其在原处慢慢恢复到常温状态。而不要采取强制性冷却措施或过早地搬动，避免发生构件的整体变形。

3. 塑料件的焊接

对有一定强度要求的车身塑料件，尤其是当塑料件的破口损坏或缺陷较大时，用胶黏法就难以实现。包括前面提到的热熔胶枪，酷似焊接但实际上也不过是另外一种形式的胶黏。因为热熔胶枪并未将塑料熔化，它的通电加热只是为熔化枪体内的热熔胶而已。

按金属材料焊接定义，对塑料件的损伤也可以采取焊接方式（仅指热塑性塑料，因为热固性塑料不可以焊接）予以修补，可以有效地解决诸如：连接强度、材料缺损和重度机械损伤等问题。为了保证塑料件的焊接品质，可以根据需要将焊缝打磨成如图4-8所示的坡口。但一定要注意，热固性塑料不能进行焊接，而只能使用粘接或热熔枪"焊接"。

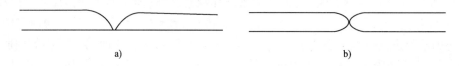

图4-8 塑料件坡口的处理

塑料焊接的操作方法比较简便。将焊口及周围清理干净后，就可以按图4-9a)所示的方法，用焊枪对塑料件和焊条同时加热。当需要对裂缝进行填充时，对其一起发生熔化时，随即将焊条塞入裂缝并用焊枪口将焊缝吹平；当需要对裂缝进行焊接时，使焊枪、焊条、焊件三者相互倾斜一定角度，并由裂缝中间部位起逐渐焊向边缘如图4-9b)。一般新焊条端头是平齐的，在使用前还应将其端头剪成图4-9c)所示的形状更好用。

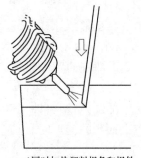
a)同时加热塑料焊条和焊件

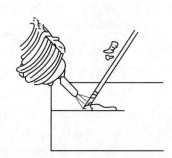
b)焊枪、焊条、焊件三者均应成一定夹角

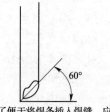
c)为了便于将焊条插入焊缝，应将焊条的端部磨削成60°斜角

图4-9 用塑料焊条焊接车身塑料件

焊缝影响美观或对安装有妨碍时，还要对其进行整形和打磨。当需要修整的量较大时，可用锉削并结合粗、细砂纸打磨的方法进行修正。

为了确保车身塑料件的修补质量，实践中往往是将胶黏与焊接两种方法结合在一起进行；有时还需要在焊接前用两脚钉将塑料件固定，以提高二者的结合强度。

四、修复开裂的前保险杠

对于小型塑料件、复杂形状的塑料件及焊缝不长的塑料件，不宜使用高速喷嘴进行焊接，而是使用圆形喷嘴用双手操作进行焊接，焊接流程如下。

1. 判断塑料件类型

根据前面所述鉴别方法进行鉴别，以便确定可否采用焊接和选择何种焊条。

2. 塑料变形修复

使用红外灯或电热吹风机加热变形部位背面及其周围,然后用手将变形部位修正回原形。

3. 在损伤部位开 V 形槽

使用锋利的小刀或砂轮机在损伤部位开 V 形槽,坡口角度为 60°左右,如焊件较厚侧开 X 形槽,坡口宽度约 6mm。如图 4-10 所示。

4. 擦去坡口处的塑料碎屑

用干净的布擦去坡口处的塑料碎屑,注意不要使用塑料清洁剂清理。若损坏的比较严重,请用夹子、车身胶带或定位焊将断裂处对齐并固定好,如图 4-11 所示。

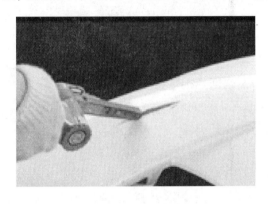
图 4-10 开裂的前保险杠

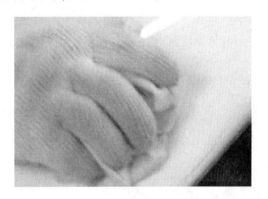
图 4-11 擦去坡口处的塑料碎屑

5. 选取焊条

选取最合适该塑料及损伤状况的焊条,可选择成品焊条或从同类型报废的塑料件上割下一条作为焊条。

6. 选择圆形喷嘴并将其安装到焊枪上

焊嘴分为定位焊焊嘴、圆形焊焊嘴、快速焊焊嘴,分别用于断裂板件的定位焊、充填小的孔眼或形成的短焊缝的焊接、直而长接缝的焊接。

7. 调整焊枪气压

接通压缩空气,并将气压调整到焊枪规定的压力。

8. 插上电源,预热焊枪

插上电源插头,开始预热焊枪。在距喷嘴 6mm 处检查热空气的温度,焊接的温度范围应在 204~399℃之间,若温度不在此范围,应进行调节。

9. 起焊

一手拿焊枪另一手持焊条,使焊条与母材呈 90°夹角,摆动焊枪喷嘴以便同时加热焊条与母材,直到它们发亮、发黏,使焊条和零件熔在一起,如图 4-12 所示。

10. 连续焊接

采用扇形轨迹移动喷嘴来对焊条和母材进行持续加热,以保证两者的加热程度一致,同时将焊条压入坡口以生成连续的焊缝,如图 4-13 所示。

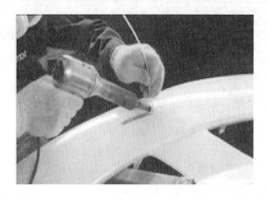
图4-12 起焊

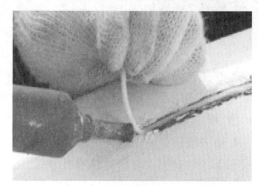
图4-13 连续焊接

11. 完成焊接

当达到焊接末端时,静止几秒钟后移开喷嘴,继续对焊接施压并持续几秒钟。

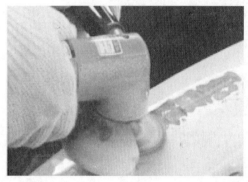
图4-14 修整打磨

12. 切断焊接电源

断开焊枪的电源,等待一会后再关闭气源。

13. 冷却焊缝

焊完后冷却硬化30min左右。

14. 打磨修整

先用锋利的刀具切割多余的塑料,再用砂轮机配合P80、P180、P240号砂纸依次进行打磨,直至达到后道工序的施工要求,如图4-14所示。

模块2 修复前翼子板

一、前翼子板的材料

翼子板的作用是在汽车行驶过程中,防止被车轮卷起的砂石、泥浆溅到车厢底部。因此,要求所使用的材料具有耐气候老化和良好成型加工性。车辆前翼子板的材料多种多样,最常见的材料是钢板和塑性材料。目前大多数车型使用的是钢板,但塑性材料由于强度低,发生碰撞时对行人的伤害性小,还可承受一定的弹性变形,能抵御轻微碰撞,维修简单,是翼子板材料的发展趋势。本模块主要以市面上常见的钢板材质翼子板变形为例,讲解其修复过程。

二、车身钢板修复的认知

车身钢板维修是指维修受损钢板以达到可以施涂原子灰状态的操作。针对不同受损车辆选择对应的维修方法,如图4-15所示。本模块是车身轻微损坏的修理。

单元四 钣金修复车身构件

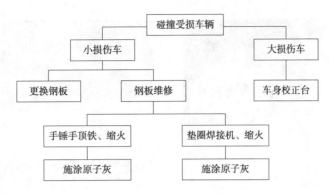

图 4-15　车身钢板修复一般工艺流程

1. 车身钢板的维修方法

车身钢板目前常用的维修方法大致有 3 种：手锤手顶铁修复、外形修复机修复、缩火修复。每种方法的适用区域见表 4-1 钢板修复的方法适用范围。

钢板修复的方法适用范围　　　　　　　　　　　　　　　　　　　　表 4-1

钢板修理方法	手锤手顶铁	垫圈焊接机	缩火
使用范围	可以触及内侧的区域	不可以触及内侧的区域	强度降低或高点部位
车身钣金件	前翼子板 后翼子板后段 后下围板 车顶钢板中段 行李舱盖	后翼子板轮弧部分 前后车门外板 车门槛板 前中后柱钢板 车顶钢板前后及侧部 发动机舱和行李舱钢板	延展的钢板 高点部位

2. 钢板特性

修复钢板之前要先认知钢板的特性，这样才能在维修的时候起到事半功倍的效果。钢板有可自行恢复和不可自行恢复的两种变形特性，即弹性变形和塑性变形。所谓弹性变形，就是钢板在外力作用下产生变形，当外力撤销后自行恢复为原来形状的变形；所谓塑性变形，就是钢板在外力作用下产生变形，如图 4-16 所示。塑性变形区形变产生作用于弹性变形区的应力消除，弹性变形区自行恢复。如图 4-17 所示。

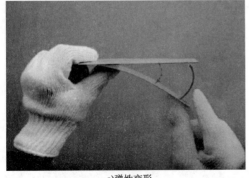
a) 弹性变形

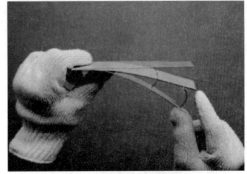
b) 塑性变形

图 4-16　弹性变形和塑性变形

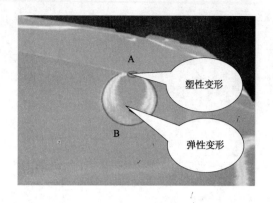 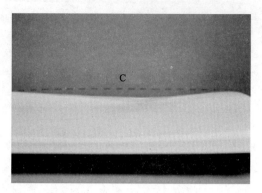

图 4-17　弹性变形和塑性变形修复时修 A 处

三、认识钢板修复工具——手锤（钣金锤）和手顶铁

1. 手锤的类型及用途

手锤也称榔头，由锤头和锤柄组成，是汽车车身修复的基本工具。根据锤头材料不同，手锤可分为铁锤、木锤、橡胶锤、铝锤等。根据锤头的质量，手锤可划分为大锤、中锤和小锤，如表 4-2 所示。

手 锤 的 类 型　　　　　　　　　　　表 4-2

名称及图例		用　途
根据材料不同	铁锤	它一般采用碳素工具钢材料制成，在车身维修时使用范围较广
	木锤	质量轻、锤头面积大、材质软，可有效降低劳动强度，以及减少实敲作业时钢板延展，适合于损伤程度相对较重、范围较大的钢板修复
	橡胶锤	弹性较大，不会破坏油漆层，但对小的凸起点修平效果不明显

续上表

名称及图例		用途
根据锤头质量	大锤	质量较重,主要用作强度较高的结构件粗修
	中锤	质量介于大锤和小锤之间,锤面大,打击时可以将力量分散到较大面积上,主要用作表面钢板的粗修
	箭头锤	也称镐锤,可以从钢板的内、外侧敲击小的凸凹点,另一侧用作平坦钢板的维修
其他类型锤子	横向锤	用于修平或修整钢板表面
	纵向锤	配合錾子或尖头锤等工具使用
	尖头锤	用于维修微小凸起
	收缩锤	锤面呈齿状,用于钢板的收缩,另一侧用作平坦钢板的维修

2. 手锤的使用要点

用力敲击时摆动手肘,轻轻敲击时摆动手腕;敲击时握锤的手不要戴手套,如图 4-18 所示。

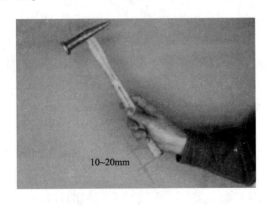 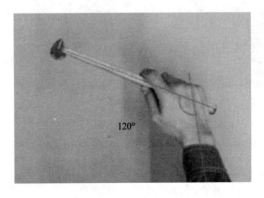

图 4-18　使用手锤正确姿势

3. 手顶铁的种类及特点

手顶铁也称垫铁、衬铁,是敲击整形的衬托工具。垫铁的形状较多,大小不一,以配合不同曲面和部位的钢板来使用。顶铁可分为通用型顶铁、逗号型顶铁、足尖式顶铁，如图4-19所示。

图4-19　顶铁的类型

通用型顶铁也称轨道式顶铁、万能型顶铁。两侧都具有一定的弧度，使用的范围较广。

逗号顶铁弯曲的表面，适用于钢板高、低区面的修理，前端部位，适合于不易触及的狭窄部位修理。

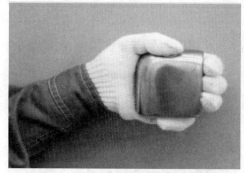

图4-20　手顶铁

足尖式顶铁也称平口型顶铁。具有平面和大的曲面，形状大小适当，恰好可以使用手掌握持。适用于钢板各种曲面的修理，边角位置也可用作车身线的修理。

手顶铁是配合手锤进行钣金整形的常用工具，用手握持顶在需要用锤敲击的金属背面，如图4-20所示。手顶铁接触面平滑且圆弧度较小，手顶铁的圆弧度相当于未受损表面的80%。

4. 手锤和手顶铁外形的修正及影响

手锤和手顶铁在使用时需要对其外形进行修正。其要点是：修整手锤和手顶铁的形状和角部保证表面和角部圆润平滑，如图4-21所示。

手锤和手顶铁维修方法适用于可以触及内侧的受损部位。手锤和手顶铁的外形不同，敲击的时候会产生不同的效果，如图4-22所示。

5. 手锤和手顶铁敲击方法

手锤和手顶铁敲击方法有两种，如表4-3所示。

图 4-21　手锤和手顶铁的修正

a) 手顶铁圆弧度<手锤圆弧度

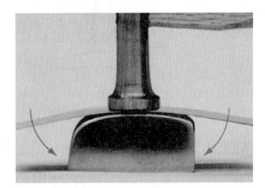

b) 手顶铁圆弧度>手锤圆弧度

图 4-22　手锤和手顶铁的外形不同，敲击产生不同的效果

手锤和手顶铁的敲击方法　　　　　　　　　　　　　　　　　表 4-3

敲击方法	图　示	说　明
实敲法，又称对位敲击或正托法		使用方法：手锤敲击位置与手顶铁位置相同 使用范围：用于有较小弯曲的塑性变形
虚敲法，又称错位敲或偏托法		使用方法：用手锤敲击手顶铁的周围部位 使用范围：用于大的凹陷和凸起
在修理作业中，需要根据钢板的损伤情况交替使用上述两种方法		

6. 手锤和手顶铁的修复技巧

根据前面的分析,钢板损坏有弹性变形和塑性变形。塑性变形才是真正的损坏,如果不注意区分,对弹性变形进行了敲击等作业,会造成钢板新的损伤,影响钢板的修理质量。所以应先修理变形急剧的塑性变形,再修理变形平缓的塑性变形,如图4-23所示。

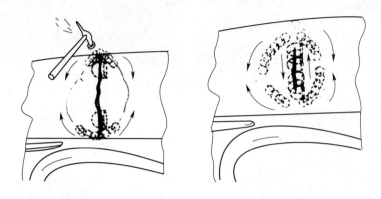

图4-23 修理大面积凹陷的基本步骤

四、前翼子板的修复流程

1. 判断损伤范围

判断损伤范围的方法一般可分为3种,如表4-4所示。

判断前翼子板损伤范围的方法　　　　　　表4-4

方法	图示	说明
目视判断:利用钢板上折射的光线来判断损伤范围和变形的程度		清洁钢板;根据反射光线的扭曲程度判断;多角度、大范围观察钢板表面
触摸判断:从各个方向触摸损伤区域,几种感觉于手掌上,手掌上所有凸起部位都是感觉点		评估凹陷和凸起,检查塑性变形;配戴棉手套;触摸受损和未受损表面

续上表

方 法	图 示	说 明
直尺对比(适用于近似平面区域):先将直尺至于未受损的钢板面,检测直尺与钢板面的间隙;再将直尺置于受损的区域,以判断受损与未受损区域间间隙的差异。相对于其他方法而言,该方法更能定量地去判断损伤区域的损伤程度	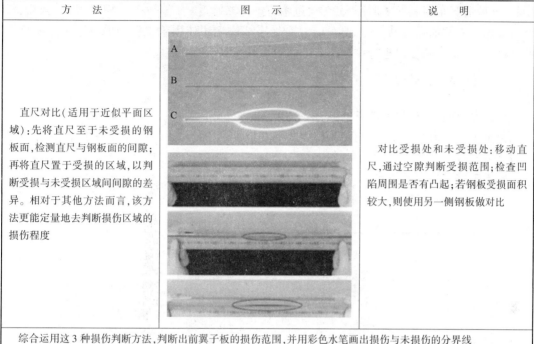	对比受损处和未受损处:移动直尺,通过空隙判断受损范围;检查凹陷周围是否有凸起;若钢板受损面积较大,则使用另一侧钢板做对比

综合运用这3种损伤判断方法,判断出前翼子板的损伤范围,并用彩色水笔画出损伤与未损伤的分界线

2. 用手锤和手顶铁修复受损区

选择合适的手锤和手顶铁对前翼子板的变形区域进行整形。通过敲击声判断手顶铁位置;木锤可限制钢板过渡延展;维修凹陷时,手顶铁用力按压,维修凸起时,使其更好支撑钢板;过度实敲易使钢板发生延展,如图4-24所示。

 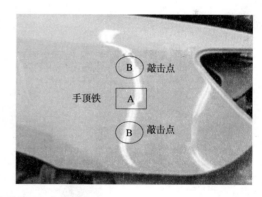

图4-24 锤击法修复前翼子板典型损伤

操作要点:使用木锤避免局部凹陷;用手顶铁推出凹陷,手锤敲下高点部位;手顶铁始终置于凹陷最低点;交替使用虚敲和实敲对车身钢板的变形区域进行整形。

模块3 修复车门

汽车发生碰撞,经常会造成车门受损,例如,车辆停于狭小的空间,开车门时用力过大造

成门板受到侧面撞击,出现凹陷损伤,受撞击力影响,门板与内侧玻璃升降器接触部位出现隆起,这种情况车门表面变形不大,可通过手工整形来修复;当汽车发生侧面碰撞事故后,没有造成车门内侧加强梁的变形,但车门表面受损部位无法使用手工整形的方法进行维修作业,就需采用车身修复机进行拉伸作业来修复。

一、手工修复车门

1. 工具、设备与材料的准备

钣金手工整形修复工具1套、车门固定支架1个、受损车门1个、工作台1张、夹紧固定装置等。

2. 手工修复车门的流程

(1)判断损伤范围。车门损伤的判断,具体如表4-5所示。

判断车门损伤范围　　　　　　　　　　　表4-5

方法	图示	说明
目视判断	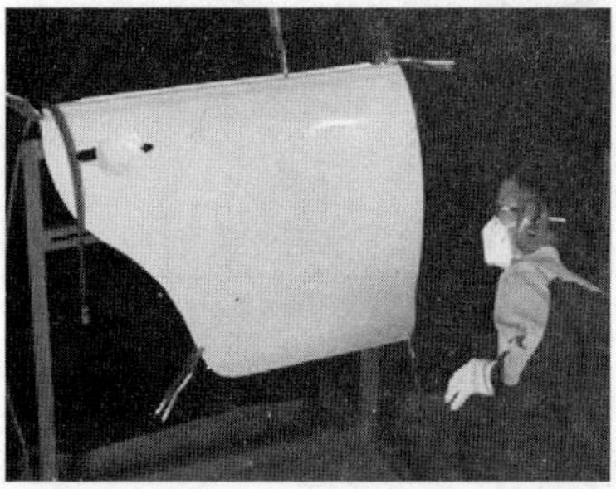	从正面、侧面、上面、下面分别观察损伤区域的变形量情况,通过目视判断损伤的类型、程度、范围,初步确立整形方案
触摸判断	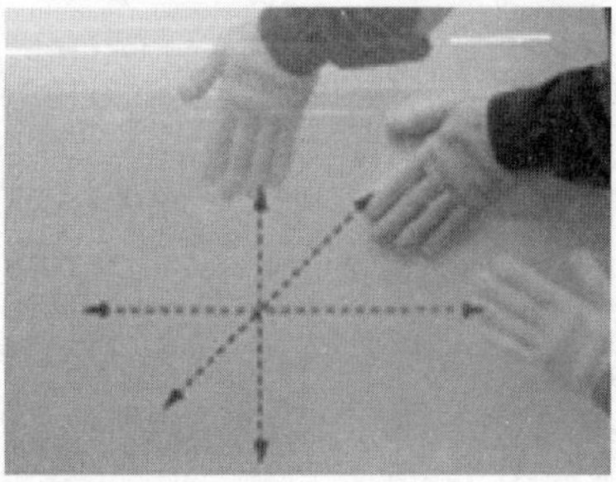	评估凹陷和凸起,检查塑性变形;配戴棉手套;触摸受损和未受损表面
直尺测量	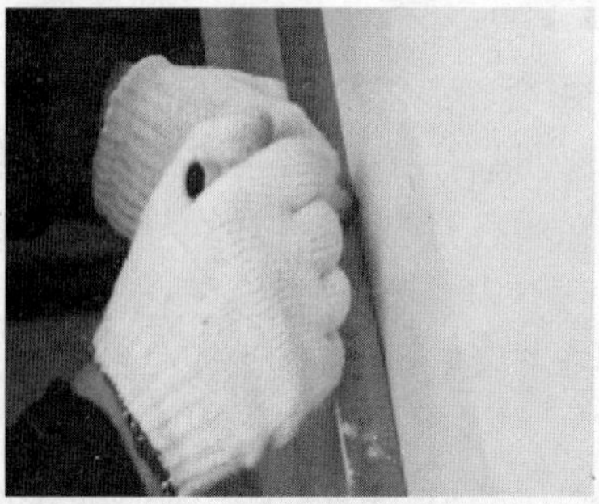	利用直尺测量损伤区域并用记号笔标记最大损伤直径

续上表

方　　法	图　　示	说　　明
直尺测量	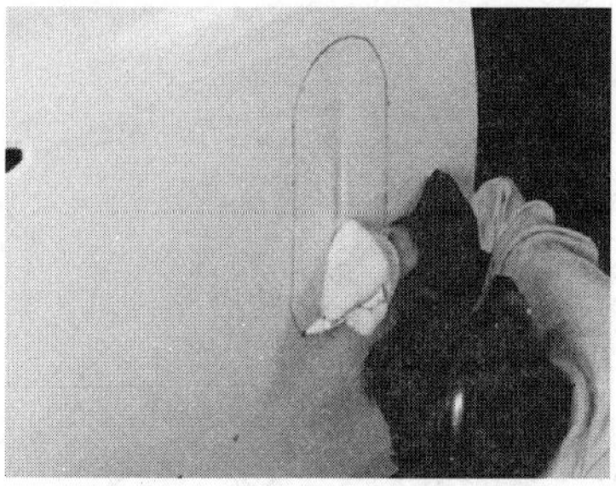	用记号笔连接测量时做出的标记点,判断损伤区域

(2)打磨车门损伤区域。对车门损伤区域进行打磨,具体如表 4-6 所示。

打磨车门损伤区域　　　　　　　　　　表 4-6

步　　骤	图　　示	说　　明
损伤区域平面的打磨	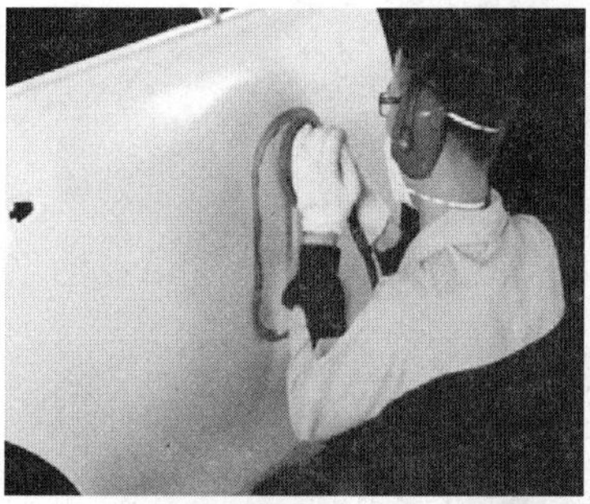	圆盘式打磨机配合 60 目砂纸,打磨损伤区域的平直表面
损伤区域凹陷处的打磨	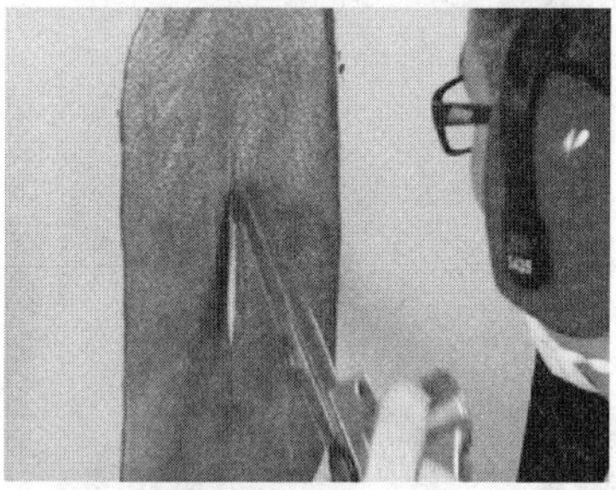	带式打磨机配合带式砂纸,打磨损伤区域的凹陷表面

(3)手工整形受损的车门。对受损车门进行手工整形,具体如表 4-7 所示。

手工整形受损的车门　　　　　　　　　　表 4-7

步　　骤	图　　示	说　　明
钣金锤、垫铁整形	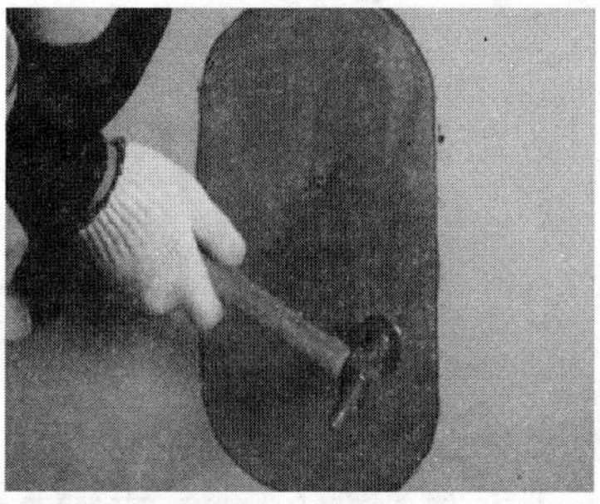	垫铁垫于板件背面,利用实敲法、虚敲法的手段,对板件的凹陷部位进行手工修整

续上表

步　骤	图　示	说　明
虚敲法敲击金属板受损区域	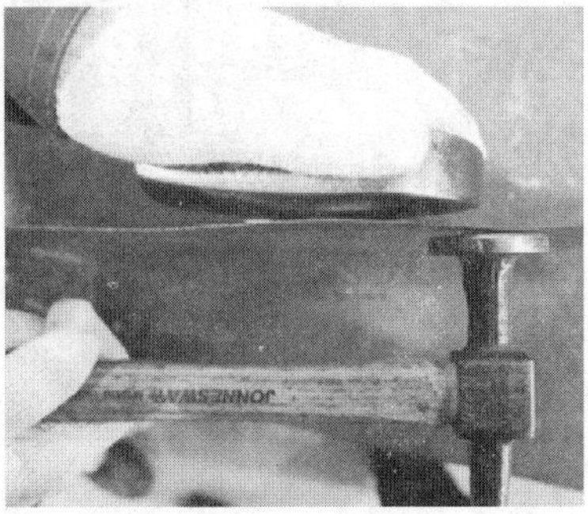	垫铁放置在损伤点最低处,钣金锤轻轻敲击放置垫铁的位置一侧
实敲法敲击金属板受损区域	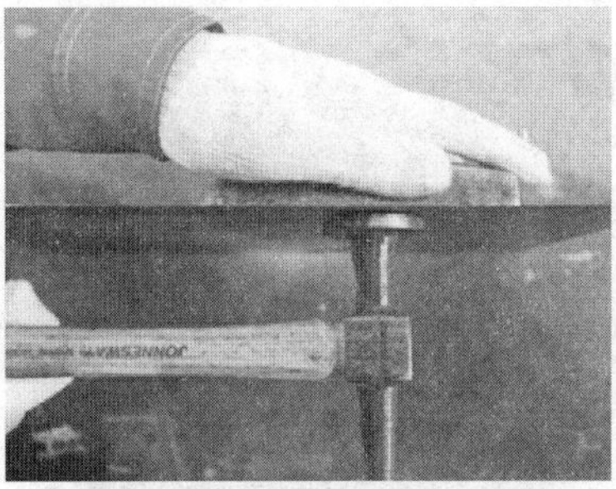	铁锤轻轻敲击放置垫铁的位置
敲击微修金属板上的小高点或者小低点		微修时敲击的力度不能重,以免造成二次损伤
测量手工整形质量	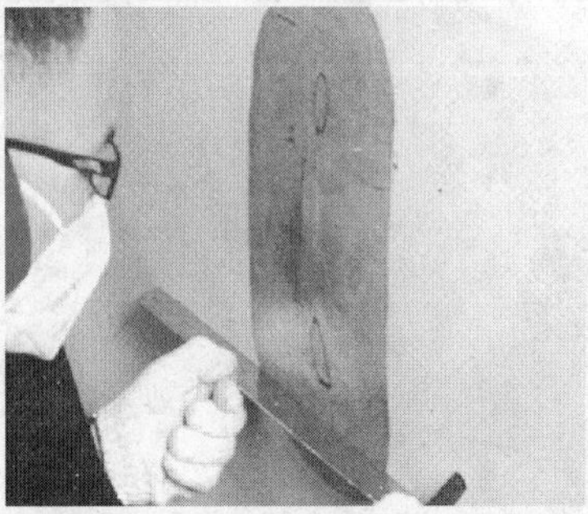	直尺测量板件手工整形后的效果质量,并用记号笔标记出还有凹凸点的位置,便于再次整形需要处理的位置

续上表

步 骤	图 示	说 明
钣金锤、垫铁再次手工整形		反复以上操作步骤,直至表面符合技术标准
7S整理		按照7S管理标准,整理操作工位及场地

二、使用车身整形机修复车门

1. 认识车身整形机

车身整形机也叫整形机或车身修复机,也称介子机,通过外接不同的焊接工具,可以实现单面点焊、焊接专用螺钉、环形介子、蛇形焊线等功能,如图4-25所示。整形机适合对一些内部无法触及的钢板损伤部位进行修整,修复时只需通过一定的焊接方式,将钢板凹陷部位从外部拉出即可,与传统的手工作业相比有无法比拟的优势,整形机焊接方式可分为熔植点焊和垫片焊接。

a) 外形修复机主机

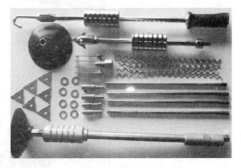

b) 外形修复机附件

图4-25 整形机外观

1) 车身整形机的原理及功用

车身整形机工作原理是利用电极头上夹持的各种附件与钢板接触,通过大电流,使接触部位产生电阻热,获取与需求相对应的各种功能。通常还会随机性带有其他附件,如碳弧气刨碳棒(以下简称碳棒)、铜极头、各种规格的销钉、螺钉等,以满足热收缩、钢板焊接销钉、螺钉等功能需求。有的整形机具有电阻焊功能,但由于焊接电流小,焊接质量难以保证。

2) 整形机的使用方法

整形机上有两条输出电缆,一条连接焊枪,为输出电缆;另一条连接搭铁夹,为搭铁电缆。在工作时,输出电缆与板件以及搭铁电缆之间形成一个回路。把搭铁夹连接到需整形的板件上,焊枪通过介子把电流导通到板件的凹陷处。当整形机输出大电流后介子与板件接触处会产生很大的电阻热,这一热量足以迫使该点的板材及介子熔化,使其原子间互相渗透,从而将介子焊接在板材的凹陷处,然后利用拉拽工具勾住介子将凹陷处拉出。

3) 整形机的使用注意事项

(1) 整形机的搭铁夹必须固定牢靠,否则,会阻碍电流通过影响焊接效果。

(2) 在操作整形机时无须使用绝缘手套,因为电流会在电阻最小处通过形成回路。因此当整形机电回路正常时,哪怕与板件或者焊枪发生触碰电流也不会流经人体。但是若在整形机工作且电回路连接不正常时,人体碰触到整形机的输出端与搭铁端,电流就会流经人体并造成重大伤害。

2. 使用车身整形机修复车门的流程

使用车身整形机对受损车门进行修复的流程,如表4-8所示。

使用车身整形机修复车门的流程　　　　　　　表4-8

步　骤	图　示	说　明
工具设备与材料的准备		外形修复机设备及附件1套、车门固定支架1个(如左图所示)、受损车门1个、工作台1张、夹紧固定装置等
判断受损范围	目视　　触摸　　直尺测量	

续上表

步　骤	图　示	说　明
外形修复机附件的拉锤安装	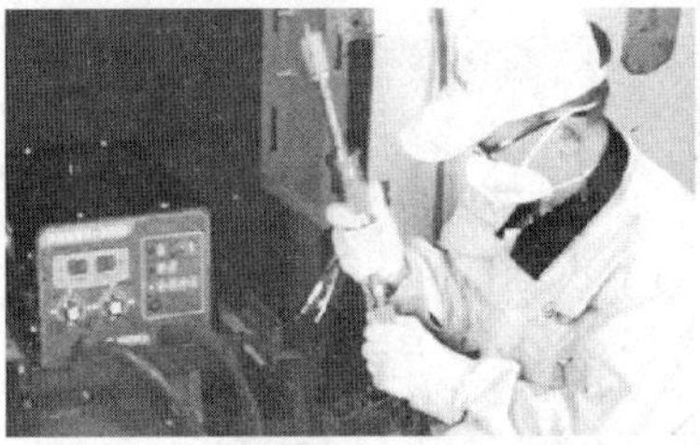	拉锤附件插入焊枪的开口处,并用螺栓拧紧工具,拧紧焊枪固定螺栓
外形修复机的搭铁夹持	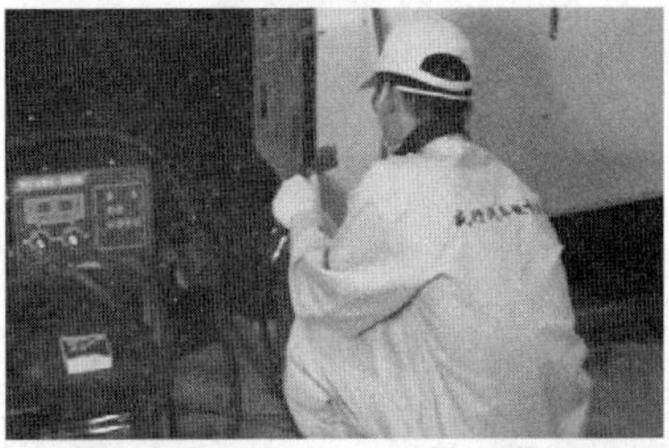	搭铁放于受损门板预先打磨好的搭铁区域,并利用相应的固定工具固定外形修复机的搭铁线
调节外形修复机参数	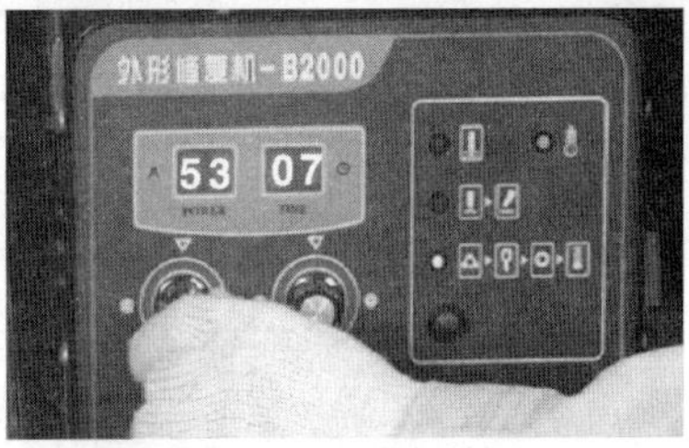	打开外形修复机的控制开关,选择三角片焊接功能,并匹配焊接电流与焊接时间的参数
三角焊片拉伸作业功能试焊	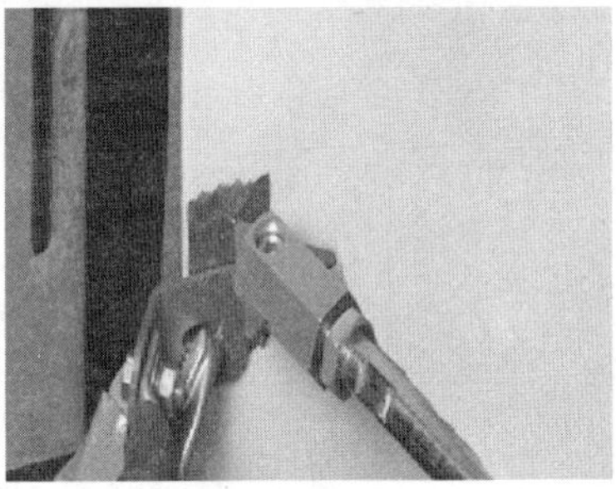	(1)靠近搭铁较近且不必修理的位置进行试焊,观察试焊点形状根据,实际修理所需的焊接强度进行适当的调整; (2)通常凹陷越深所需的焊接强度越大,相反则越小
门板整形作业	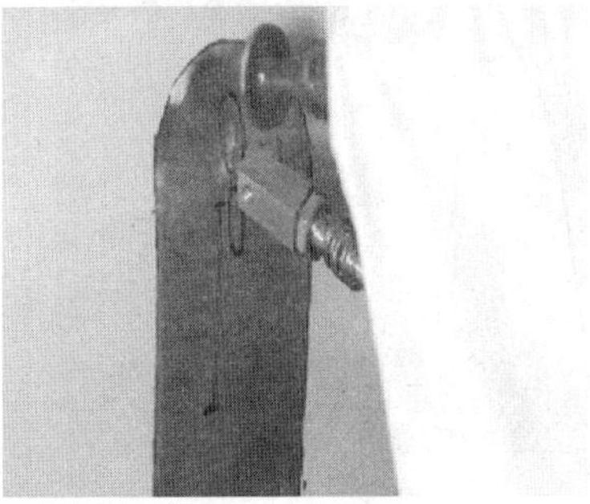	三角焊片焊于门板损伤区域,利用惯性锤的撞击力将凹陷损伤沿受损力相反方向拉出。拉伸操作过程中,需不时地用钣金锤敲击三角焊片周围,以达到放松应力,直至修复平整

续上表

步　　骤	图　　示	说　　明
功能键选择收火作业		按动选择功能键按钮,将外形修复机调至收火作业功能,并调节焊接电流至适当的参数值
收火作业功能试焊		靠近搭铁较近且不必修理的位置进行试焊,观察试焊点热收缩加热情况,根据实际修理所需的热缩收热量进行适当的调整
热收缩作业	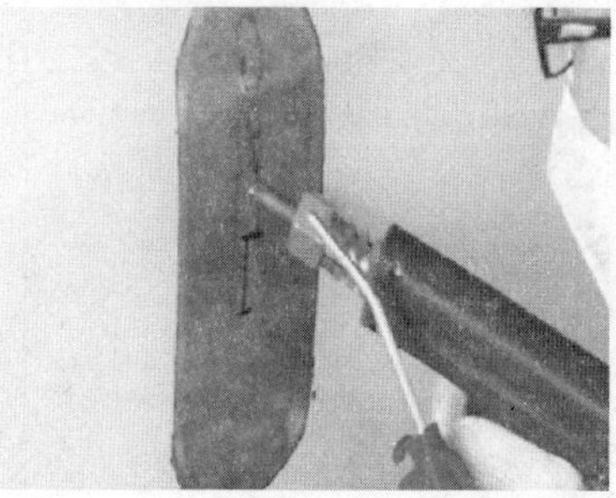	(1)热收缩作业需根据门板修复时的凸点情况,决定碳棒在板件上的停留时间; (2)热收缩的原理为热胀冷缩原理,修理工艺不允许使用水进行快速冷却,一般使用压缩空气进行快速冷却
7S整理		按照7S管理标准,整理操作工位及场地

模块4　修复发动机舱盖

一、发动机舱盖概述

发动机舱盖又称为发动机盖，一般由外板、内板、隔垫、铰链、撑杆、密封条、锁钩等组成，呈骨架形式，如图4-26所示。从发动机舱盖外观上，可看到部分外板，在有些车型的外板上会安装挡风玻璃洗涤喷嘴和部分装饰件。打开发动机舱盖后，内部可见的部分称为内板，在内板上一般会布置很多部件的安装结构，包括铰链、撑杆、密封条、锁扣及隔声垫等。为了保持挡风玻璃清洁，大部分汽车的喷水器总成和软管总成多安装于发动机舱盖内板。在外板与内板之间还会有一些加强板。内板和加强板共同对外板起到支撑和增强刚性的作用。在连接方式上，内板与加强板采用点焊的形式组合在一起，然后再整体与外板通过包边连接成为发动机舱盖总成。

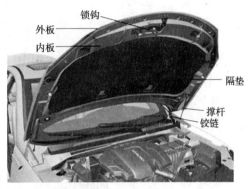

图4-26　发动机舱盖安装位置和结构组成

通常，发动机舱盖在打开时是向后翻转的。发动机舱盖向后翻转时，与周边部件不可发生干涉。发动机舱盖应可以打开至某一位置并在此固定，以满足车辆维修的需要。打开至最大开启角度时，与前挡风玻璃至少保留10mm的最小间距。

为防止车辆在行驶过程中由于震动而使发动机舱盖开启，严重时有可能遮挡驾驶人的前方视野，这就要求在机舱盖前端安装锁止装置。

二、发动机舱盖的作用

1. 空气导流作用
发动机舱盖外形可有效调整空气相对汽车运动时的流动方向和对车产生的阻碍力作用减小气流对车的影响。通过导流降低空气阻力系数，提高燃油经济性，可产生相当可观的经济效益。

2. 保护作用
发动机舱盖能保护发动机及周边管线配件。通过提高发动机舱盖的强度和构造，可充分防止冲击、腐蚀、雨水及电干扰等不利影响，充分保护车辆的正常工作。

3. 隔声和隔热作用
发动机舱盖可阻止发动机舱内污浊、湿热空气外泄，还具备一定的隔声和隔热功能。

4. 安全防护作用

当其发生碰撞时,发动机舱盖对于车辆前部防护方面也起到很大的作用。

三、发动机舱盖的调整

1. 发动机舱盖与翼子板及前围之间的调整

首先,调整发动机舱盖的前后位置。稍微松开固定发动机舱盖与铰链的螺栓,再扣上发动机舱盖。发动机舱盖的前缘必须与翼子板前缘对齐,同时其后缘与前围之间保留足够的缝隙,以避免开启时相互干扰。如图4-27所示。

2. 发动机舱盖高度的调整

稍微松开铰链与翼子板及前围边缘处的螺栓,然后轻轻盖上发动机舱盖,根据情况将它的后缘抬起或压下。

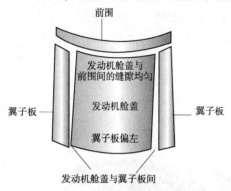

图4-27 发动机舱盖与翼子板间距

对于新换装的发动机舱盖,容易出现因边缘弯曲造成高度差。对此,仅仅通过对铰链等的简单调整不能将发动机舱盖的变形消除,而需要调整发动机舱盖的边缘曲线。可用手扳动拱曲部位使其复位;也可在前端垫上布团,然后用手掌轻轻压下拱曲部位,使其与翼子板边缘高度一致。

四、发动机舱盖的修复

1. 发动机舱盖损伤的原因

一种是受到重物自上而下的撞击,另一种是汽车发生碰撞波及发动机舱盖。

重物撞击一般只是造成发动机舱盖本身的损伤,很少影响到其他部件,故维修时可在车体上进行修复。

汽车碰撞造成的损伤不仅会使前围板及左、右翼子板等部位产生损伤,也必定会使发动机舱盖出现拱形、塌陷与褶皱等损伤变形。这些损伤变形往往比较严重,所以在拆卸翼子板或前围板等部件进行检修的同时,需将发动机舱盖拆卸下来进行全面修复,恢复原来的形状。

2. 车身被侧面撞击后,发动机舱盖的修复

(1) 先将发动机舱盖拆下进行定位后再进行损伤修复;

(2) 当外板出现凹陷时,在内板的相关处,挖出1个或几个孔洞;

(3) 用撬棍或木棒将其从里面顶出,趋于平整;

(4) 再用锤子在外板上表面轻轻敲击,直至整平;

(5) 修平外板后,将内板挖出的孔洞补全;

(6) 敲平锉修。

3. 车辆正面撞击后发动机舱盖的修复

(1) 先用旋具松开两个铰链上的紧固螺栓,便可卸下发动机舱盖总成。再将其放在工作台上,逐一拆掉附件。

(2)将内、外板分离。用专用撬具将外板的包边撬开,使其与内板边缘逐渐分离出一定的角度。

(3)平整凹陷部位。将外板表面朝下,里面朝上,放在平台上,用木锤先将塌陷的大坑顶出,如图4-28所示。

(4)矫平整个工件。用错位敲击法对发动机舱盖进行最后修复。左手持垫铁,抵在最低部位,右手持锤敲击附近的凸出部位,如图4-29所示。

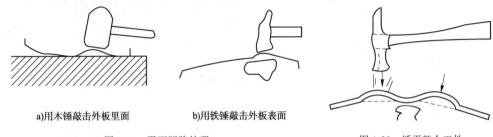

a)用木锤敲击外板里面　　b)用铁锤敲击外板表面

图4-28　平面凹陷处理　　　　　　　　图4-29　矫平整个工件

(5)对工件表面进行光洁处理。整个外板的平整、矫形工作完毕后,由于铁锤、垫铁及撬棍等工具作业留下了凹凸不平的小痕迹,要用车身锉刀进行最后的修复。

(6)修复内板。由于发动机舱盖的内板位于车身内部,只是起到加强外板刚度的作用,所以对其表面的质量要求较低,故修复起来也容易很多。其修复方法与外板相似。

(7)内、外板合成。将修复完毕的内板与外板按原来的连接方式合成一体,即将外板的包边重新包住内板的边缘,四角处可用 CO_2 气体保护焊分段焊几点,以增加牢固度。

五、铝合金发动机舱盖的修复

目前,使用铝合金的车身部件及车身越来越多,对铝合金发动机舱盖的修复流程如下。

1. 损伤评估,制订维修方案

为了能正确地进行损伤评估,在作业前,需要拆卸发动机舱盖和相关附件(隔热层),根据发动机舱盖损伤情况,制订合理的维修方案(受损较严重的需要更换)。

2. 拆卸铝合金发动机舱盖

3. 修复发动机舱盖

用铝板外形修复机(图4-30)修复发动机舱盖。铝板外形修复机和钢板外形修复机工作原理相同,也是在板件上焊接介子,铝板焊接的介子是铝焊钉,然后通过铝焊钉对铝板进行拉伸,达到修复的效果,铝焊钉的头部有一个小尖与板件接触,接触面积小电阻大,产生电阻热大,容易焊接,如果铝焊钉没有尖头就不能用了。大的接触面积正常的焊接电流不能够焊接,所以铝焊钉是一次性使用的,不能重复再用,如图4-31所示。

(1)将油漆和底层涂料去掉后,将氧化层清除干净,否则,焊接不牢固。打磨搭铁线夹连接点,将铝质搭铁线夹在板上。

(2)把焊钉(铝质拉拔专用钉)安装在焊枪上,接通铝焊机的电源,调整合适的电流大小,把焊钉用一定力压在板件上,焊钉要与板件接触面垂直,按压焊枪的启动开关,如图4-32所示。焊钉通电后应牢固地焊接在铝板上,应无虚连,如图4-33所示。

图 4-30 铝板外形修复机

图 4-31 铝焊钉

图 4-32 用焊枪把焊钉焊接在铝板上

图 4-33 焊钉固定在铝板上

(3) 把拉伸连接件拧到焊钉的螺纹上，如图 4-34 所示。通过专用挂钉拉锤对板件凹陷处进行拉伸。

(4) 拉伸时动作要轻柔，力要慢慢加大，防止局部变形过大，同时用钣金校正橡胶锤和胶块敲击其变形区的边缘，对拉伸部位进行敲击整形，如图 4-35 所示。

图 4-34 拉伸连接件安装到焊钉

图 4-35 拉伸时敲击

(5) 拉伸完后，用尖嘴钳贴着板面剪除焊接在表面的焊钉，如图 4-36 所示。

(6) 焊接部位用锉或打磨机打磨平整，如图 4-37 所示。铝板处理后不用进行防腐处理，因为铝板会马上形成氧化膜阻止进一步的氧化。

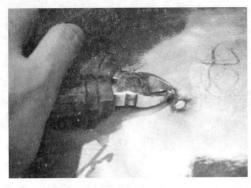 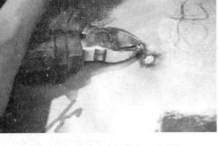

图 4-36 用尖嘴钳清除焊在表面的焊钉　　　　　图 4-37 修整铝合金表面

(7) 铝板的加热收缩，对铝板进行拉伸或敲击时，用力过大很容易形成隆起变形，这时就需要对受到拉伸的板件进行收缩处理，加热可以有效恢复正常的板件高度，将铝合金材料恢复成形，铝板的强度低、熔点低，加热不能过高，否则，会使板件产生更大的变形或熔化，导致不可修复而需要更换。

采用热收缩的方法矫正铝合金板与矫正钢板有较大的区别。矫正钢板时，必须尽量避免加热，以免降低钢的强度，而矫正铝合金板时，则是需要利用加热的方法来恢复加工硬化时降低的可塑性，如果不加热或温度不到位，当矫正力施加到铝板上时，便会引起受力部位恢复不到位或开裂。

(8) 如有断裂的现象，需先用惰性气体焊对铝合金发动机舱盖开裂处焊接。

4. 打磨及防锈处理

修复后用钢丝刷清洁所有焊缝并清除烧坏的油漆，在原来涂有车身密封胶的所有焊接连接处涂底漆并进行密封。

5. 送涂装车间前检查

修复或更换后还要检查发动机舱盖和两前翼子板、前照灯、前散热格栅等相关构件的间隙、平面度，如图 4-38 所示。在确认车身各部配合完全正确后，经检验员检验后才能交下一道工序进行涂装作业。

图 4-38 发动机舱盖和相关附件的配合

单元五
喷涂汽车构件

 学习目标

完成本单元学习后,你应能:
1. 明确汽车涂装的概念、功能及特点;会使用相关的工具和设备,按照安全规范的进行汽车涂装的相关操作;
2. 了解底漆的作用、类型,会使用常用工具进行底漆的施涂;
3. 了解中涂漆层的作用、类型;会对车身部件的中涂漆层进行喷涂;
4. 了解面漆的作用、分类;了解喷涂烤漆房相关知识;会进行面漆的喷涂施工;
5. 了解汽车上塑料件的类型、使用部位;会进行喷涂塑料前保险杠。
建议课时:26课时。

模块 1 认识汽车涂装技术

一、汽车涂装的基本知识

1. 汽车涂装的概念

汽车涂装是指将涂料涂覆于经过处理的汽车车身及其零部件表面,再经过干燥成膜的工艺过程,如图 5-1 所示。已经固化了的涂料膜称为涂膜(俗称漆膜),由两层或两层以上的涂膜组成的复合层称为涂层。根据涂装对象的不同,汽车涂装可分为原厂涂装和修补涂装,本单元主要介绍修补涂装。

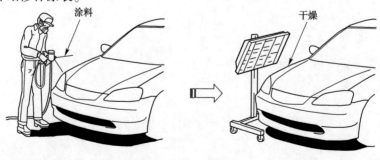

图 5-1 汽车涂装

2. 汽车涂装的功能

汽车涂装主要有保护作用、装饰作用、标志作用及其特定目的,如图 5-2 所示。

图 5-2　汽车涂装的作用

3. 汽车涂装的基本要素

要达到涂装目的和获得优质的涂层,需要满足以下汽车涂装的三要素。

(1)涂装材料:汽车修补涂装常用的材料有原子灰、底漆、面漆和溶剂等。

(2)涂装工艺:合理性、先进性的工艺是获得优质涂层的必要条件,是降低生产成本和提高经济效益的先决条件。

(3)涂装管理:正确选择涂装工具和设备是提高涂装施工效率,减少人为因素对涂层质量影响的主要手段。

4. 汽车涂装的特点

汽车涂装与其他类型的涂装(如家具涂装、船舶涂装、建筑涂装等)有相通的地方,同时又根据汽车运行和使用的特点、要求,其涂装又有自己的特点。

(1)汽车涂装属于高级保护性涂装。

(2)汽车涂装属于中、高级装饰性涂装。

(3)汽车涂装是最典型的工业涂装。

(4)汽车涂装一般为多涂层涂装,如图 5-3 所示。

图 5-3　汽车涂装层

二、汽车涂装的工艺流程与方法

汽车在使用过程中,常常会因为各种原因造成车身外部覆盖件损伤和涂层的破坏,因此,需要对车辆的涂层进行修复,使其恢复原有的状态。

现代汽车的修补涂装按照涂装工艺可以分为六个基本工序,即涂装施工前准备、底涂层涂装、中间涂层涂装、面漆喷涂前准备、面涂层涂装、涂膜处理与缺陷防治,如图 5-4 所示。

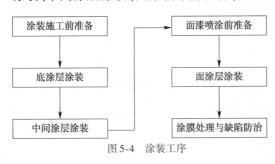

图 5-4　涂装工序

接修一辆漆面受损的汽车,各工序一般需要完成的工作如下。

喷涂前的准备(清洗、鉴定损坏程度、底材处理)→喷涂底漆(施工准备、喷涂底漆、干燥)→原子灰施工(刮涂、干燥、打磨、清洁、再干燥)→喷涂中涂漆层(施工准备、喷涂中涂漆层、干燥、填补缺陷、打磨、再干燥)→喷涂面漆(遮护、清洁、油漆调配、喷涂色漆和清漆、干燥)→整理(撕去遮盖纸、修补各边角侧面)→抛光打蜡(遮蔽不需要打蜡的位置、抛光打蜡、清洁、内外部整理)→交车。

常用的涂装方法主要有刷涂、空气喷涂、高压无气喷涂、空气辅助高压无气喷涂、浸涂、静电喷涂、电泳涂装、粉末涂装等。各种涂装方法之间有着密切的关系,既可单独完成,又可用不同的涂装方法进行组合。汽车修补涂装的方法主要有喷涂和刮涂两种。

喷涂是指用特制的喷涂设备(主要是空气喷枪)将涂料雾化,并将其涂覆在被涂物表面的涂装方法,如图5-5所示。

刮涂是指用刮板将涂料刮于被涂物表面的涂装方法。刮涂多用于汽车修补涂装中的凹陷填充与外形修复,如图5-6所示。

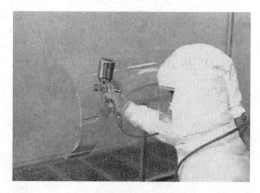

图5-5 喷涂

图5-6 刮涂

三、汽车涂装常用的工具、设备与使用方法

汽车修补涂装常用工具设备主要有底材处理工具(如钢丝刷等)、喷枪、刮板、打磨机、压缩空气供给系统、烤漆房(干燥、防除尘等)等,如图5-7所示,其对车身涂装的品质有至关重要的影响。

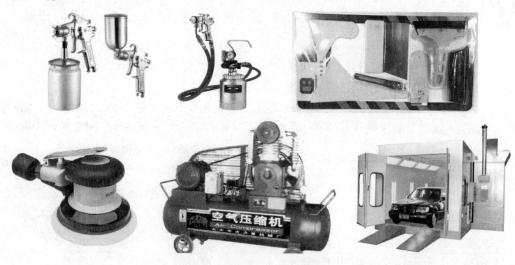

图5-7 汽车修补涂装常用工具设备

在汽车修补喷漆涂装中,喷枪是非常重要的工具。因此,主要介绍一下喷枪的相关知识。

1. 喷枪的结构

喷枪的作用是利用压缩空气将涂料雾化,形成扇状的喷幅漆雾,涂料均匀地分布在工件表面,形成漆膜。喷枪的主要零部件如图5-8所示。一般的空气喷枪的主要零件有空气帽、涂料喷嘴、喷针、空气阀、喷雾形状控制旋钮、涂料调节控制旋钮、枪体、扳机等。空气喷口有三种类型:(中央喷口)(环形孔),(辅助雾化喷口)(辅助孔),侧(喷口)(孔)如图5-9所示。中央喷口位于喷嘴中央,用来产生真空吸出涂料,并使涂料基本雾化,辅助喷口则促进涂料的雾化,辅助喷口的数量越多,涂料雾化效果越好。涂料在两个侧喷口喷出的压缩空气推动下形成椭圆图形,如果关闭喷雾形状控制旋钮,喷出涂料形成圆形,反之,全打开时,喷雾的形状就变成长方形的。漆流量控制旋钮用来调整出漆量的大小。

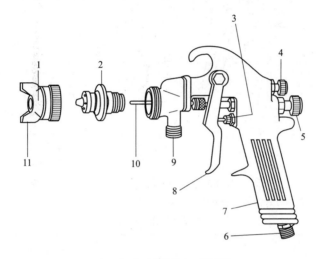

图5-8 典型喷枪的主要零部件

1-空气帽;2-涂料喷嘴;3-空气阀;4-喷雾形状控制旋钮;5-涂料调节控制旋钮;6-进气口;7-把手 8-扳机;9-进料口 10-喷针;11-喷气角

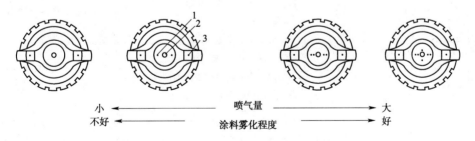

图5-9 喷枪空气(量)孔及辅助(量)孔大小与喷涂性能的关系
1-辅助孔;2-环形孔;3-侧孔

2. 喷枪的种类

空气喷枪按其喷嘴的类型分为对嘴式、单嘴式以及扁嘴式。按其雾化的方式分为内部混合式和外部混合式。按涂料的供应方式可分为虹吸(负压)式、压力式以及重力式三种基本类型,如图5-10所示,其优缺点如表5-1所示。

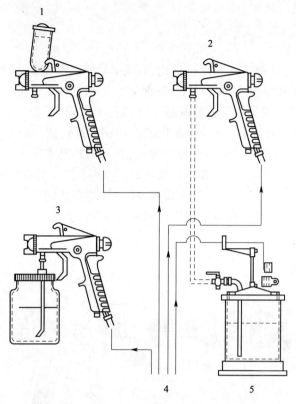

图 5-10 不同类型喷枪的供料方式
1-重力式供料方式;2-压力供料方式;3-虹吸供料方式;4-空气压缩机;5-涂料压力罐

喷枪的优缺点　　　　　　　　　　　　　　　　　表 5-1

喷枪类型	涂料供给方式	优　点	缺　点
重力式	涂料罐位于喷嘴上方,依靠涂料重力及喷嘴尖的吸力供给涂料	涂料黏度不变,喷漆量不变;涂料罐的位置可使喷涂操作自由度大,施工容易	涂料罐在喷嘴上方,影响喷枪的稳定性;涂料罐容量小(一般在500mL左右),不适合喷涂较大面积
压力式	依靠压缩空气罐或泵加压供给涂料	涂料罐容积大,喷涂大型表面时不必停下来向涂料罐中添加油漆;也可使用高黏度涂料	不适合小面积喷涂,变换颜色及清洗喷枪需要较多时间
虹吸式	涂料罐位于喷嘴下方,仅靠吸力供给涂料	喷涂稳定性好,便于向涂料罐中添加涂料或变换颜色	喷涂水平表面困难;涂料黏度变化对喷漆量影响较大,涂料罐容量比重力式大(一般在1200mL左右),因而操作人员易疲劳

3. 使用喷枪的注意事项

(1)使用前,应检查涂料罐盖上的空气孔是否堵塞;涂料罐盖上的密封圈有无渗漏。

(2)按照施工参数要求调整好气压、漆流量和喷幅大小,有故障,应及时排除。

(3) 施工作业中,若需暂停工作,应将喷枪头浸入溶剂中,以防涂料干燥、结皮、堵塞喷嘴。

(4) 不能使喷枪平放于工作台面,必须有专门的喷枪架来放置喷枪,避免喷枪碰撞台面或落地而造成损伤。

4. 喷枪常见故障及处理

喷枪常见故障及处理如表 5-2 所示。

喷枪常见故障及处理　　　　　　　　　　　表 5-2

现象	原因	处理对策
偏左或偏右	空气帽气孔堵塞	彻底清洁空气帽
	空气帽受损	更换空气帽
中央过厚	涂料黏度过高	调低涂料黏度
	喷涂压力过低	调高喷涂压力
	由于磨损使喷嘴的喷孔过大或针阀过小	更换喷嘴组件
喷幅分裂	涂料黏度过低	调高涂料黏度
	喷涂压力过高	调低喷涂压力
	喷幅控制气孔过大	更换空气帽
	涂料不足	补充涂料
	雾化空气通道堵塞	清洁喷枪空气通道
喷幅形状重心偏向一侧	空气帽中央气孔或雾化气孔堵塞	清洁喷嘴、空气帽
跳枪	喷嘴松动,没拧紧或没装好	旋紧喷嘴或清洁并从新安装喷嘴
	针阀密封件松动	紧固针阀密封件
	涂料罐通气孔堵塞	疏通通气孔

四、涂装安全作业与防护

汽车涂装车间所使用的涂料及溶剂等绝大部分都是有毒物质,在工作中会形成漆雾、有机溶剂蒸气和粉尘等,操作人员长期接触和吸入体内能够引起慢性中毒,有损健康。若将它们排放到室外则造成大气污染,有些具有光化学反应性的溶剂在受到阳光中的紫外线照射后能形成毒性更大的物质,成为公害。在进行涂装时,因所使用的材料中含有有害物质,操作者有可能发生急性或慢性的中毒,患上职业病、皮肤病等,因此,必须加强汽车涂装作业的环境保护和操作人员的人身防护工作。

1. 汽修涂装常用的个人防护用品

汽车修补涂装工作中常用的个人防护用品如表 5-3 所示。

汽车涂装常用的个人防护用品　　　　　表 5-3

防护用品种类		图　示	作用及用途
呼吸保护器	防尘面罩		是一种罩在鼻子和嘴上的纸质或纤维质地的过滤器,能够阻挡通过空气传播的微粒,避免有害的粉尘进入鼻腔、咽喉和肺;在打磨、清洁以及产生微粒和粉尘时选用
	防毒面罩 过滤式面罩		能够过滤掉防尘面罩所不能阻挡的细微粒子、烟雾以及有机溶剂挥发气体,可以隔绝单组分油漆以及其他非异氰酸酯类材料的蒸气和喷雾;在除油、洗枪、涂料调色、刮灰和喷涂不含异氰酸酯类涂料时可以选用,对于施工环境中氧气含量低于19.5%时绝对不可使用
	防毒面罩 供气式面罩		供气式面罩首先能有效地隔绝周围受过污染的空气,再通过有效过滤压缩空气,给施工人员提供清洁、新鲜的空气,达到保护操作人员的目的,是目前最为安全的保护方式。建议在喷涂所有类型的底漆、密封材料和涂料时都采用这种面罩,特别是喷涂含有异氰酸酯类材料的涂料时必须佩带供气式面罩
手套	线手套		能够保护施工人员的手部,防止划伤、磨损及污染。在打磨、清洁、移动工件或使用工具时选用
	橡胶手套		能够防止有机溶剂通过皮肤吸入人体内,在与溶剂、涂料接触时使用。一般有薄型(在调漆、喷漆等可能会接触到溶剂或涂料时选用)和厚型(在除油、洗枪等直接接触溶剂或涂料时选用)两种
耳塞			保护听力;在打磨或喷涂等噪音较大的操作中佩戴

续上表

防护用品种类		图示	作用及用途
工作服	棉质工作服		保护人员免受粉尘、漆雾的侵害，防止擦伤、磨伤；在除喷漆以外的一般工作时选用
	防静电喷漆服		专业喷漆服，可以有效减少漆雾对人体的伤害，避免吸附灰尘，避免因为静电导致的安全问题，专门用于喷涂作业
护目镜			保护眼睛，防止打磨时产生的粉尘或喷漆时的漆雾及溶剂对眼镜的伤害。在整个施工过程中都要求佩戴
安全鞋	金属脚尖衬垫		在鞋尖上有一块金属板，鞋后跟很厚，在工作过程中可以有效保护双脚；在施工中都要求穿戴；对于经常出入溶剂挥发气体含量较高的场所，还应该选择具有防静电功能的安全鞋

2. 汽修涂装作业环境保护及要求

(1)涂装场地和库房严禁烟火,操作者应熟悉灭火器材的位置和使用方法。

(2)要保持工作环境的卫生与通风,必须安设抽风罩和废漆处理装置,操作时必须戴防护用品。

(3)在油漆作业场所10m以内,不准进行电焊、切割等明火作业。

(4)实操用的工件,应放置稳固,摆放整齐。

(5)带电设备和配电箱周围1m以内,不准喷漆作业。

(6)当涂料或稀料不慎与皮肤接触时,应使用专用清洁液清洗,禁止用汽油和稀料洗手。

(7)调和油漆、原子灰、硝基漆、乙烯剂等化学配料和汽油易燃物品,应分开存放,密封保存。

(8)溶剂和油漆应放置储备室阴凉的地方。

(9)空气压缩机要有人专管,开机时应遵守空气压缩机安全操作规程,并经常检查、加油,不准超压使用。工作完毕,应将储气罐内的水放尽,断开电源。

(10)作业完工后清扫工作场地,存好工具,废弃物应放到指定地方。

3. 汽修涂装人员的安全保护

(1)施工场地应该有良好的通风或排风设备,确保空气流通,加速有毒有害物质的散发。

(2)施工时如果感到头痛、眩晕、心悸、恶心等身体不适时,应该立即停止工作,到室外空气清新的地方稍作休息,严重时应该及时治疗。

（3）长期接触飞漆和有机溶剂气体的人，如果防护不当，有可能发生慢性中毒，所以涂装施工人员要定期检查身体。发现有职业病迹象时，应该完善工作中的劳动保护措施，严重者建议调离工作岗位。

（4）有机溶剂蒸气可以通过皮肤渗入人体，因此，在喷涂完毕后，要用肥皂洗脸和洗手，条件允许时，喷涂完毕后应该淋浴。为了保护皮肤，施工前暴露在外的皮肤要涂抹防护油膏，施工后洗干净，再涂抹润肤霜以保护皮肤。

（5）在施工场地，必须安装紧急淋浴器，当溶剂或化学药品溅在眼睛或人体上时，应该立即进行冲洗，严重时应及时送往医院进行治疗。

（6）国家标准对于汽车涂料中重金属含量、限用溶剂含量、VOC（挥发性有机化合物）含量都做了明确规定。但即使对于符合国标规定的涂料，因为其含有少量重金属如铅、铬、镉，打磨时一定要注意防尘，同时因为涂料含有挥发性有机化合物（溶剂），喷涂时也要注意劳动防护。

（7）喷涂完毕后要多喝开水，以湿润气管，增强排毒能力。平时多喝牛奶，多吃水果，也有利于排毒。

模块2　涂喷底漆

一、汽车底漆的特性、类型

底漆是直接涂覆在经过表面处理过的物体表面的第一道涂层，它是整个涂层的基础。底漆施工可以刷涂，也可以喷涂。

1. 底漆的特性

底漆的作用一是防止金属表面的氧化腐蚀，二是增强金属表面与原子灰（或面漆）、原子灰与面漆之间的附着力。因此，底漆应具有以下特性。

（1）底漆与底材应有良好的附着性，并与中间涂层或面涂层有良好的结合力。所形成的涂层应具有极好的力学性能。

（2）底漆必须具有极好的耐腐蚀性、耐水性和耐化学品性，对金属无腐蚀作用，并能防止金属表面的电化学腐蚀。

（3）底漆应具有填平纹路、针眼和孔洞的作用，具有钝化金属表面的性能及对外界有优良的封闭性，防止渗水、渗氧、渗离子，并具有良好的打磨性能。

（4）底漆与底材表面、中间涂层和面漆应有良好的配套性，以防止出现涂装缺陷。

（5）底漆应有良好的施工性能，应能适应汽车修补涂装工艺的要求。

2. 汽车修补用底漆的类型

汽车修补涂装中常用的底漆主要有磷化底漆和环氧底漆，如图5-11所示。

（1）磷化底漆：一般也称为侵蚀底漆。是以聚乙烯醇缩丁醛树脂为主要成膜物质，并添加防锈颜料四

图5-11　汽车底漆

盐基锌铬黄制成,与分开包装的磷化液调配使用。

磷化底漆能提高底漆对金属表面的附着力、耐蚀能力及热老化性能,可代替磷化处理,适用于各种金属(如钢、铁、铝、铜及铝镁合金等),并能耐一定的温度,可作烘烤面漆的底漆,但由于成膜很薄,一般不能单独作为底漆使用,必须与其他底漆配套使用。

(2)环氧底漆:以环氧树脂为主要成膜物质制成的底漆,品种较多,有高温烘烤底漆、双组分底漆、单组分常温自干底漆。环氧底漆附着力强,漆膜坚韧耐久,对许多物体表面有较强的黏合力,但涂料耐光性差,易粉化,因此,只适合用做底漆。

在要求较高或湿热环境下使用的车辆一般应使用环氧底漆,由于汽车经常伴随有强烈的冲击、振动及磨损,还要受到各种多变的气候条件及酸、碱、盐的侵蚀,需要有一种很好的保护层,其附着力、耐蚀性能、封闭性、耐化学品性能及耐碱性能非常突出,而且漆膜柔韧性好、硬度高、对铝镁合金及轻金属、钢铁、玻璃钢等有极好的附着力。

二、底漆调制的方法和步骤

(1)将所需要调制的底漆进行充分的搅拌。
(2)按照底漆的混合比例依次加入各组分,用搅拌棒充分搅拌均匀。
(3)检查混合后底漆的黏度是否符合要求。
(4)选用合适的涂料滤网,对底漆进行过滤。

三、喷涂汽车底漆

1. 待喷涂表面的清洁、除油和脱脂

喷涂时要根据不同的底材选用不同的侵蚀性底漆。对大面积裸金属喷涂底漆时,一般首先喷涂侵蚀性底漆,再喷涂隔绝底漆。塑料件在喷涂底漆时需要使用专用的塑料底漆。

用去蜡除油剂清洗工作表面,在发动机舱盖表面上涂上去蜡除油剂,趁除油剂未干时马上用干净的抹布擦拭干净。每次处理的面积为 $12 \sim 18 cm^2$。

2. 对非喷涂的区域进行遮盖

喷涂底漆的施工准备工作主要是遮护。遮护也称为遮蔽或贴护,是一种保护方法或手段,使用遮护材料(遮蔽纸和遮蔽胶带)遮盖不需要修饰或防止损伤的表面,例如保护车窗边框、玻璃、轮胎和其他板件防止过喷污染,在清除旧漆层时对无须打磨的区域进行遮护可以防止对良好部位的损伤等,如图5-12所示。不同的施工部位,不同的施涂方法,需要遮护的范围及遮护方法有所不同。

 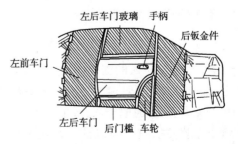

图5-12 喷涂施工中的遮护

3. 底漆的喷涂方法

底漆的调配及施工过程中,必须穿戴工作服、工作帽、安全鞋、护目镜、活性炭面罩、防护手套等。涂料在使用时需要按照涂料生产厂商提供的说明,按照正确的比例加入配套的固化剂,再根据环境温度的不同加入稀释剂,以达到要求的施工黏度。

底漆的喷涂采用薄喷的方法,一般喷涂 1~2 遍,间隔时间为 5~10min,底漆涂膜的总体厚度为 30~35μm。

4. 底漆的喷涂施工步骤

(1) 喷枪的检查调整。这种检查调整,在喷涂底漆、中涂漆和面漆之前都要进行。包括压力调整、喷幅调整、漆流量调整、涂料分布测试。

(2) 喷涂操作。需要注意的是喷枪与喷涂表面的角度、喷枪与喷涂表面的距离、喷枪的移动速度、喷涂压力、喷枪扳机的控制、喷涂路线。喷涂顺序首先从车顶开始,依次是右前门、右前翼子板、发动机舱盖、左前翼子板、左前门、左后门、左后翼子板、行李舱盖、右后翼子板、右后门,如图 5-13 所示。在喷涂右后门时可将右前门打开,能够防止漆雾粒子飞扬到已经略干的右前门涂面,避免产生粗粒现象。

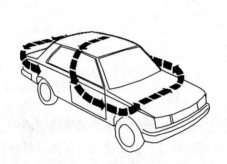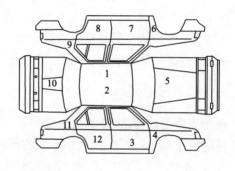

图 5-13 喷涂顺序

(3) 底漆的干燥。底漆在常温下干燥一般需要 45~60min。强制干燥须先静置 5~10min,然后在 60℃下烘烤 30min 即可。底涂层完全干燥、凝固后,用 240~360 号干磨砂纸配合打磨机打磨,或用 600 号水磨砂纸湿磨。

模块 3　施涂原子灰

一、原子灰作用、类型及性能

原子灰俗称"腻子",是一种以树脂、颜料、溶剂和填充材料等组成的呈浆状或膏状的涂料,如图 5-14 所示。原子灰的主要作用是填平底材上的凹坑、缝隙、孔眼、焊疤、刮痕及加工过程中所造成的物面缺陷等问题,达到恢复或塑造工件表面形状的目的。

原子灰的类型有:普通原子灰、合金原子灰、纤维原子灰、塑料原子灰、幼滑原子灰。

由于汽车涂装要求的高级保护性及装饰性,在汽车上使用的原子灰必须要具备以下性能。

(1) 与底漆、中涂漆层及面漆有良好配套性。

(2) 具有良好的刮涂性能。

(3) 打磨性良好。原子灰层干燥后软硬适中,易打磨、不粘砂。能适应干磨或湿磨。打磨后原子灰层边缘平整光滑且无接口痕迹。

(4) 干燥性能良好,能在规定时间内干燥、打磨。

(5) 形成的原子灰层要有一定韧性和硬度。

(6) 具有较好的耐溶剂和耐潮湿性。

图5-14 原子灰

二、原子灰施涂工具及安全防护用品

1. 刮刀

刮刀是用来将原子灰刮涂到工件上的手工工具,根据其制作材料的不同,可以分为橡胶刮板、塑料刮板、金属刮板等;根据其软硬程度又可分为硬刮板和软刮板,如图5-15所示。

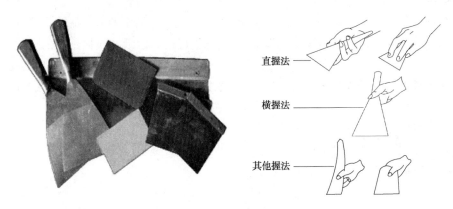

图5-15 刮刀及其用法

2. 调灰盘

调灰盘的主要作用是用来盛放原子灰的,根据其制作材料的不同,可以分为钢板类的、塑料板类的、木板类的等。根据需要也可以制成不同的规格、形状。

3. 红外线烤灯

红外线烤灯的主要作用是用来加速涂层干燥和提高工作效率。由于汽车修理行业的需要,要求加热装置具有移动性、可变性,因此,红外线烤灯一般做成可移动,可独立开关控制,可不同方向、部位调节,可以调节烘烤温度及烘烤时间,可以分别控制预热、加热过程的形式,如图5-16所示。

4. 电子秤

电子秤主要是用来称重的。在原子灰的刮涂及打磨工序中使用电子秤主要是为了确定原子灰与固化剂的比例,如图5-17所示。

图5-16　红外线烤灯

图5-17　电子秤

5. 无尘干磨系统

无尘干磨系统主要由打磨工具、供气与吸尘管道、吸尘设备、磨垫、打磨材料和辅助设备等组成。无尘干磨设备的类型主要有有移动式、固定式和简易袋式三种。移动式干磨系统使用方便、移动灵活，吸尘效果好，覆盖面积大，设备成本低。但在施工中供气吸尘管道及电缆需要拖在地面上。

6. 砂纸

砂纸是汽车维修中经常使用的打磨材料，用于除锈、砂磨旧涂层、原子灰及漆面处理。砂纸是用各种不同细密的磨料黏结于纸上，制成各种规格的砂纸。根据不同的应用场合，有各种形状的砂纸。有卷筒状砂纸、片状砂纸以及砂带等。砂纸上还可以进行打孔，配合打磨工具有助于排出砂粒、灰尘。根据背衬材料分为纸、织物、用高温和硫磺处理过的纤维、塑料薄膜等。

7. 打磨垫

打磨垫是使用砂纸打磨工件操作的工具，有手工打磨垫和打磨机专用托盘。

8. 原子灰调配及施涂作业中的防护用品

在原子灰调配及施涂作业中存在有机气体，应注意保护呼吸系统、眼睛及皮肤，应穿戴的防护用品主要有：工作服、工作帽、安全鞋、护目镜、活性炭面罩、乳胶手套等。原子灰干磨施工作业中的防护用品：工作服、工作帽、安全鞋、护目镜、防尘口罩、耳塞耳罩、劳保手套，如图5-18所示。施工作业中尽可能使用吸尘式打磨机，并在通风条件良好的场所施工。

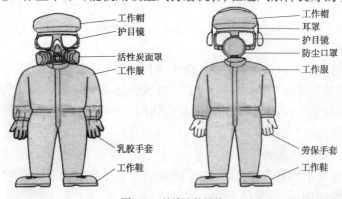
图5-18　施涂防护用品

三、原子灰的施涂方法

原子灰施涂作业中,一般使用刮刀施涂于底材表面,用来填平补齐底材上的凹坑、缝隙、孔眼、焊疤、刮痕以及加工过程中所造成的物面缺陷,使底材表面平整、匀顺,让面漆的丰满度和光泽度等能够充分显现。根据施涂部位的形状,来确定施涂方法。

(1)局部填补凹坑区域的施工,采用放射式施涂方法。先将原子灰放在凹坑中部,再用刮刀把原子灰从中部向四周刮涂。

(2)大面积区域采用直刮式或横刮式施涂方法。

(3)对弧形表面区域施涂原子灰时,应根据施涂面的形状,使用有弹性的橡胶刮刀。

(4)对具有棱角线的区域施涂原子灰。

原子灰施涂的层数主要取决于底材的表面状况、施工质量要求、操作人员技术水平等,一般施涂 1~4 层。

四、原子灰施涂

1. 调配原子灰

(1)准备。穿戴好合适的个人防护用品。准备原子灰的调配及施工中需要的工具:调和板、刮刀及刮板。

(2)检查原子灰的施涂面积。为了确定需要准备原子灰的用量,需要检查原子灰的施涂面积。

(3)原子灰的拌和。先将适量的原子灰基料放在调和板上,然后按规定的混合比例添加一定量的固化剂,用刮刀先将固化剂混入原子灰中,然后将两者混合,再来回刮抹,使之混合均匀(可从颜色的混合均匀度观察)。

2. 施涂原子灰

以车门中部区域施涂原子灰为例。

(1)第一层刮涂。用硬刮具施涂,对较大凹坑可选用较宽的硬刮具。将刮刀竖起沿底材薄薄地压挤施涂,确保原子灰透入细小的划痕和针孔。此层原子灰只求平整,不求光滑。对汽车车身表面较大的凹坑施涂只要初步平整,不要为了一次刮平而使原子灰层厚度超过 5mm。施涂方向横、竖均可,以有利于填平凹坑为准则。对汽车车身表面折口及轮廓线处,施涂时要注意造型及平直性,为以后施涂各层原子灰操作打下良好的基础。

(2)第二层刮涂。汽车车身平面处仍用硬刮具施涂,但对圆弧较大部位也可适当使用橡皮刮具或塑料刮具,刮刀倾斜大约 35°~45°。此层原子灰仍以填平为主,不求光滑。施涂时的面积应略大于第一层原子灰的面积,注意边缘原子灰的平直性。较大底材施涂时与上一层原子灰的接口应错开,即不要使各层原子灰的接口在同一部位,以免产生缺陷。施涂的方向应顺着流线型(按汽车造型水平方向)方向,并遵循从上到下、从右到左的原则,施涂时尽可能拉长一些,以减少施涂接口。注意原子灰层的厚度与原涂面基准点平齐。由于补刮原子灰层范围逐渐扩大,对邻近的补刮原子灰层,视具体情况可在第二层或第三层施涂原子灰层时连成一片,以减少原子灰层边缘,有利于打磨。

(3)第三层刮涂。先取少量原子灰用力填充进砂孔及刮痕缝隙部位。再按顺序压实薄刮一层,形成光滑平整的表面。收光原子灰的边缘,清理干净工件上多余的原子灰。清理刮刀及调灰盘,完成刮涂。同时注意原子灰层边缘与旧涂层过渡平和。对于汽车车身表面若隐若现的轮廓外形线,施涂时要注意其平直性。

(4)第四层刮涂。使用硬一些的刮具施涂第三层可能遗留下来的微小砂孔痕迹。利用硬刮具的刮口薄薄均匀地施涂一层光滑原子灰,刮刀成倒平状。局部施涂的原子灰层面积可扩大一些,以消除旧涂面上打磨时可能遗留下来的砂纸痕迹,确保喷涂工作顺利进行。

3. 干燥

施涂后的原子灰由于其双组分材料混合后产生化学反应而变热,从而加快固化反应。原子灰施涂后在20℃的环境,自然干燥时间一般为20~30min。为了加快固化,可采用红外线烤灯加热干燥,如图5-19所示。

图5-19 用红外线烤灯加热干燥原子灰

4. 打磨

为了取得平整光滑的表面,在原子灰层彻底干燥后需要进行打磨。现代维修中打磨原子灰时一般采用干磨,不采用水磨,因为原子灰的吸水性很强,当水磨残留水分不能很好地挥发时,会导致漆膜起泡、"痱子""剥落"及金属底材锈蚀等现象。

打磨原子灰层可采用手工或机械干磨。机械打磨适用于修补面积较大以及平整的底材,可降低劳动强度,提高工作效率。手工打磨适用于一些形状复杂的底材,如转角、折口、外形线、弧形、凹形部位等。打磨时两种方法可结合进行。

5. 快干原子灰(幼滑原子灰)的施工

快干原子灰俗称填眼灰、红灰等,有硝基型及双组分型,既可用于施涂操作,也可用于喷涂操作,颜色有白色、红色、黄色等,可根据需要选用。快干原子灰主要适用于填平原子灰施工后产生的砂痕、砂孔以及物体表面上的微弱凹陷。此类原子灰颗粒细腻、快干、易打磨、原子灰边缘平滑。硝基型快干原子灰在汽车修补涂装中使用普遍。

6. 检查

初步检查施工质量,检查原子灰施工质量。如果打磨过度,必须重新施涂原子灰,再进行干燥、打磨。

检查针眼,使用擦拭布以及除尘枪,彻底清洁,吹掉修补区域的灰尘。检查是否存在针眼。

模块4 喷涂中层漆

原子灰施工表面出现的针眼,如图5-20所示。虽然经过填眼灰进行填补,但由于填眼灰干燥后的收缩,会在表面留下凹凸不平点。尽管经过手工精打磨操作,也难以满足喷涂面漆的需要。另外,原子灰表面打磨后,会留下细小的砂纸痕,对于面漆要求高的轿车来说,也不适合直接喷涂面漆。此时一般需要施涂中涂漆。中涂漆层就是是在底漆和面漆之间的涂层,也称作"中涂底漆"。

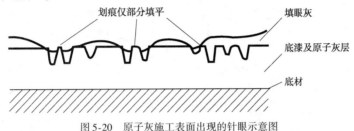

图5-20 原子灰施工表面出现的针眼示意图

一、中层漆的作用、类型及特性

1. 汽车中层漆作用

通过刮涂原子灰还不足以弥补表面缺陷,就可以通过喷涂中涂漆层来进一步弥补,同时也可以为喷涂面漆提供良好的基础,提高面漆的装饰性(丰满度和鲜映性)以及整个涂层的抗石击性。对于表面平整度好、装饰性能要求不高的车辆上,为了降低成本可不施涂中涂漆层。而对于装饰性能要求高的轿车,则必须采用中涂漆层。中层漆的主要作用如下。

(1)增强涂层间的附着力;

(2)填补微小划痕、凹凸不平,平整表面;

(3)隔离封闭作用,防止面漆涂料溶剂浸透产生渗色;

(4)保证面漆涂层具有一定的弹性、韧性,以提高面漆的丰满程度。

2. 中层漆的类型

根据用途分类,中层漆可分为通用底漆(又称为底漆二道浆)、油灰(又称为二道浆或喷涂腻子)、封底漆、隔绝底漆。根据组分分类,它分为单组分和双组分。根据树脂种类分类,它分为环氧、硝基、双组分聚氨酯丙烯。

3. 中涂漆层的特性

(1)与底漆层、原子灰层、旧涂层、面漆层有良好的配套性,能够同时为底漆层和面漆层提供良好的附着力。

(2)干燥后的中涂漆层硬度适中,有良好的打磨性和耐水性,湿磨后表面平整光滑,无起皱、脱皮等,局部漆层边缘平滑性好,无接口痕迹。

(3)有良好的填充性能,经打磨后能消除底材上的轻微划痕、砂痕、砂孔等。

(4)有良好的隔离性能,防止底漆层、原子灰层、旧涂层中的不良物质向面漆层渗出而污染漆膜表面,破坏面漆层的装饰性。同时能阻止面漆层的溶剂渗透到底漆层、原子灰层、旧涂层中。

(5)能提供给面漆层一个吸附性一致的涂面,同时由于其本身具有良好的防渗透性,可以提高面漆的光泽度,因此,可以极大地提高面漆的装饰性。

(6)中涂漆层应具有良好的施工性能,如温度适应性、干燥迅速、施工容易等。

二、中层漆喷涂工具设备

1. 空气压缩及分配系统

空气压缩及分配系统,如图 5-21 所示。

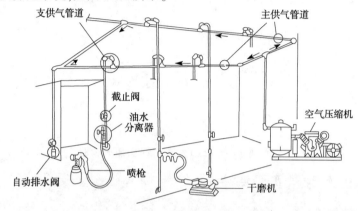

图 5-21　空气压缩及分配系统

空气压缩机的维护非常重要,它关系到设备的使用寿命、供气质量以及修理厂的工作效率。在平时工作中应该做到及时放掉储气罐里面的冷却水,及时添加曲轴箱里面的润滑油,保持设备清洁干净,保证空气滤清器及过滤材料的干净,经常检查设备各个部件的正常运作是否良好等等。

2. 汽车喷漆烤漆房

通常为了减少成本和节约空间,常常将喷漆房、烤漆房设为一体,即汽车喷漆烤漆房(如图 5-22 所示)。它可以为涂装提供一个干净、安全、照明良好的工作环境,使喷漆过程不受灰尘的干扰,并把挥发性漆雾限制在喷漆间内并及时通过排气系统送出去。而汽车烤漆房可以对原子灰、底漆、中涂及面漆等进行烘烤,加快涂料的干燥与固化,提高工作效率和涂层质量。

图 5-22　汽车喷漆烤漆房

在喷涂过程中会产生漆雾,或者灰尘、垃圾等,对作业和安全卫生都有不利的影响,喷漆烤漆房装有将这些灰尘、垃圾、漆雾强制过滤的装置,并将浑浊空气排除,供给新鲜干净的空气。烤漆房主要由进排气装置、温度调节装置、过滤装置组成,如图5-23所示。

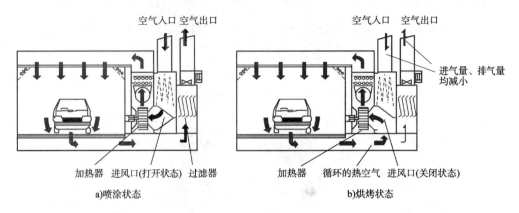

图5-23 汽车喷漆烤漆房装置

喷漆烤漆房在使用过程中注意事项。

(1) 在烤漆房内不得进行任何原子灰刮涂、打磨、抛光等作业。

(2) 进入烤漆房的车辆应彻底清洁,包括车身上的脏污和底盘上的脏污。

(3) 喷涂结束后将烤漆房内的喷涂工具、喷涂材料清理干净后,才能加温烘烤。

(4) 每次使用完烤漆房后,要对烤漆房进行清理,将压缩空气软管盘好。

(5) 定期对排风扇、电动机进行维护,定期更换过滤棉。

(6) 定期清洗内部墙体、地板及其他固定件表面上的灰尘、油污等,例行的保洁工作应在每次喷漆完毕之后进行,为下次喷漆做好准备。

(7) 用水清洗地板时,防止飞溅到车身上,同时要对污水进行处理。

(8) 定期检查、更换干式过滤系统中的滤网。

(9) 喷漆房内必需的物件,如喷枪、软管、胶带、车轮套、工作服、防毒面罩、手套等,应存放在密闭的储藏室内。

3. 其他工具及设备

其他还需要用到的工具如风枪、底漆喷枪、调漆尺、烤灯、碳粉指示剂、洗枪毛刷等等。

三、中层漆喷涂施工

中涂底漆施工工序分为中涂底漆喷涂前处理、中涂底漆调配、中涂底漆喷涂、中涂底漆打磨。

1. 清洁

用压缩空气清除表面粉尘。如果表面进行过湿打磨,应做去湿处理,使被喷涂表面干燥,如图5-24所示。

2. 遮护

对不需要喷涂的表面及附件进行遮护,以防止漆面污染,如图5-25a)所示。小面积修补喷涂通常使用反向遮护,以避免喷涂后产生明显的喷涂边界或台阶,如图5-25b)所示。

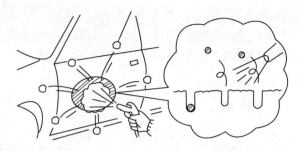

图 5-24　用压缩空气清除表面粉尘

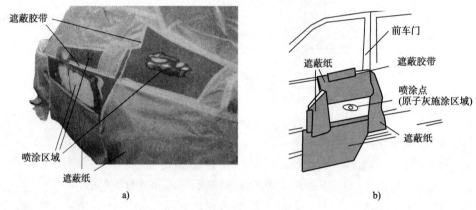

图 5-25　遮护

3. 脱脂

用清洁的擦拭布沾清洁剂擦拭被喷涂表面,同时用另一块清洁的擦拭布立即将表面擦干,如图 5-26 所示。

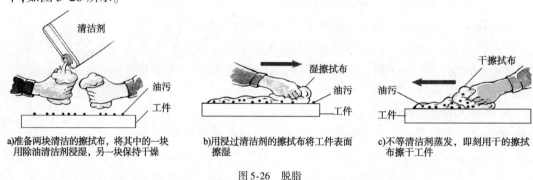

图 5-26　脱脂

4. 喷涂施工

(1) 涂料调制。穿戴好合适的个人防护用品,参照涂料生产厂商的要求进行调制。将主剂加入调漆罐中;加入规定量的固化剂,充分搅拌均匀;加入专用稀释剂,调节黏度至合适。

(2) 搅拌涂料,并过滤,倒入喷枪。一般喷枪喷孔直径:重力式喷枪 1.6~1.8mm,吸力式喷枪 1.8~2.0mm;喷枪压力:参照涂料生产厂商的要求。

(3) 喷涂距离:一般 200~300mm。

(4) 喷涂操作:先对修补边缘交界处进行薄薄地喷涂。稍干后对整个原子灰表面再薄薄地喷涂一层。分 3~4 次薄薄地喷涂,每道涂层间用中短波红外烤灯闪干 5~10min。

喷涂面积应比修补的原子灰子面积大许多,而且第二遍比第一遍大,第三遍比第二遍大,逐渐加大面积。相邻的几块小修补,先预喷小块原子灰修补处2遍,然后再整体喷涂2~3遍,联成一大块。

5. 修整与干燥

中涂漆层喷涂后,应仔细检查涂装表面有无砂纸打磨痕迹、气孔及其他缺陷。若有缺陷,可用硝基类速干填眼灰修补,用木刮刀或塑料刮刀薄薄地刮涂,如图5-27所示。不要一次填得过厚,最多只能0.2mm,若一次填不满,间隔5min再填。

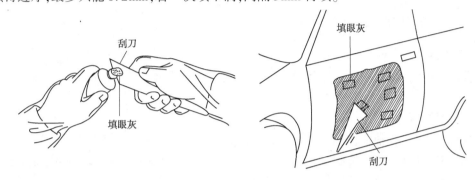

图5-27 修整

中间涂层在打磨前必须充分干燥。如果干燥不充分,不仅打磨时涂料会粘砂纸,使打磨作业难以进行,而且喷涂面漆后,还会出现涂膜缺陷。小面积区域的干燥可采用短波红外线烤灯,大面积的干燥需使用烤漆房进行。

6. 标志涂料喷涂

标志涂料或称指导层,在收边修补中起填充和打磨作用,可以使表面更加平整,大大减少了细微的缺陷。同时为打磨起指导性作用。调制一种比中涂漆层颜色深一点(或浅一点)的涂料作为标志涂料。取深色(或浅色)的中涂漆,稀释1倍。碳粉指导层,使用碳粉涂抹于中涂漆的表面,检测中涂漆层打磨时的均匀度和平整度。

7. 打磨

(1)干打磨。用偏心距3~5mm的干磨机对中涂漆层整平、修饰,安装打磨软垫,如果面漆为单工序面漆,使用P400干磨砂纸;如果面漆为双工序面漆,使用P500砂纸;如果用驳口技术,用P800网纹砂纸或P1000精棉砂纸。注意对弯角、边缘、角度及不易打磨处的修饰。使用三维打磨材料(研磨绒),手工对修补区域的边角、研磨机不易打磨的区域,做细研磨修饰。

(2)湿打磨。先用双作用干磨机配合P320或P400干磨砂纸,对中涂漆层做初步打磨。先把砂纸浸入水中,并把打磨表面弄湿。打磨过程中及时给打磨表面加水,防止打磨表面变干。右手使用方形磨垫配合P400水砂纸,对中涂漆区域进行水磨施工,左手拿一条浸水的海绵或湿毛巾,双手配合防止打磨表面变干。使用P600水砂纸,用手打磨,并尽可能以旋转方式来减小砂纸痕。使用打磨绒(三维软质打磨材料)对边角不易打磨的区域做打磨修饰。

(3)速干填眼灰修补部位打磨。先以修补部位为中心,用P400~P800水砂纸将凸出部位磨平,然后用P800或P1200将整个表面打磨平整。

（4）收尾。若采用干打磨，则用吸尘器将粉尘彻底清洗干净，最后仔细检查涂膜表面，不能遗漏未经打磨的部位。若采用湿磨，则用清水冲洗干净后，先用毛巾将打磨区域擦干；然后用压缩空气吹干易藏水的地方，如手柄、装饰条缝隙等；最后用红外线或热风加热器对表面进行除湿干燥。

模块 5　喷涂面漆

一、面漆的作用、类型和性能

1. 面漆的作用

面漆指涂于工件最外层的漆膜，是涂层组合中唯一可见的部分，起着装饰、标志、保护底材的作用。

2. 面漆的分类

面漆的分类方法很多，按颜色效果可分为素色漆、金属漆；按成膜方式可分为溶剂挥发型、氧化型和交联反应型；按施工工序可分为单工序、双工序和三工序等。素色漆又名纯色漆，指油漆成分中不含颗粒颜料，常见的有白色、黑色、红色、黄色等。

单工序面漆指喷涂同一种涂料即形成完整的面漆层的喷涂系统。常见于素色漆，其成膜方式为交联反应型。

双工序面漆指喷涂两种不同的涂料才能形成完整的面涂层的喷涂系统，通常是先喷涂色漆或金属漆，然后再喷涂罩光清漆，两种涂层结合在一起才能形成有质量保证的完整的面漆层。

三工序面漆则更为复杂，如三工序珍珠漆通常是先喷一层打底色漆（封闭底色），然后喷一层纯珍珠漆，最后喷罩光清漆，三个涂层结合才能形成完整的面涂层，如图 5-28 所示。

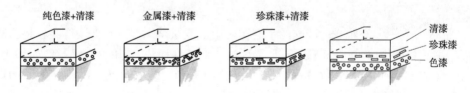

图 5-28　双工序和三工序面漆

一般单工序面漆的颜色比较单调，而三工序面漆的效果比较丰富，但工序越多，施工及修补越复杂。

3. 面漆的性能

面漆直接与各种气候条件及有害物质接触，是阻挡侵蚀的第一层。耐候性是面漆的一项重要指标，要求面漆在极端温变湿变、风雪雨雹的气候条件下不变色、不失光、不起泡和不开裂。外观是面漆的另一项指标，要求漆膜外观丰满、橘皮均匀、流平好、鲜映性好，从而使汽车车身具有高质量的外观。另外，面漆还应具有足够的硬度、抗石击性、耐化学品性、耐污性和防腐性等性能，使汽车外观在各种条件下保持不变。

二、面漆的调色

1. 颜色属性

颜色有很多,但纵观所有颜色,都有三个共同点,即一定的色彩相貌、一定的明亮程度和一定的浓淡程度,我们把颜色的这三个共同点称为颜色的三个属性或特性,分别称为色相、明度和彩度。无论什么颜色,都可以用这三种特性来进行描述。

2. 面漆调色的常用工具设备

(1)调漆机。调漆机又称油漆搅拌机,如图5-29所示。因为涂料中的树脂、溶剂及颜料的密度不同,经过一段时间就会分离,在使用以前需要充分混合,调漆机就是起搅拌作用的。同时利用配套的油漆搅拌器,可以方便地倾倒出油漆。

(2)颜色配方软件。目前一些规范的涂料公司都有自己完善的颜色配方软件,即电脑软件数据库中存有所有颜色配方,用户只需将颜色代码和分量输入电脑就可以直接查阅计算好的配方数据,如图5-30所示。

图5-29 调漆机

图5-30 颜色配方软件

(3)色卡。色卡是根据不同的颜色配方做出来的颜色卡片,如图5-31所示。通过色卡,可以直观地反映出颜色的属性。现在色卡的分类方法一般采用两种方式:一种是按照色系来分的,如红色系、蓝色系、黄色系等;还有一种是按汽车厂商来分的,如大众、通用、丰田等。当汽车品牌不清,或颜色资料不全时可以选择按色系法进行查找。

(4)颜色分色仪。颜色分色仪是一种可以进行电脑分色的电子仪器,如图5-32所示,它具有修正软件,可以手提,并可以结合智能磅使用。分色仪操作简单,用途广泛,对技术要求不很高,尤其是在车型和颜色资料不全、颜色色号未标在维修手册上时更能突出其优势。

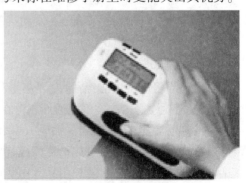

图5-31 色卡   图5-32 颜色分色仪

(5)配色灯箱。配色灯箱的主要作用是在光线不好的情况下调色时模拟一个自然光的环境,用于比色和调色。现在常用的比较接近日光的光源为 D65 光源。

(6)烘箱。烘箱是一种强制烘干实验样板的烘干设备,在人工调色烘干样板时使用。

(7)其他工具及设备。其他还需要用到的工具如涂料罐、调漆尺、喷涂试板等。

三、面漆的涂装

面漆涂装是汽车漆修补涂装的最后一个环节,也是用户评价修理质量的客观依据。因此,掌握面漆喷涂过程的各种要领是汽车修补漆作业者应具备的基本技能。面漆的修补涂装按照面漆修补区域可分为:全车修补涂装、整板修补涂装和局部修补涂装。下面以单工序面漆的施工为例,讲解面漆涂装的步骤。

1. 遮护

用压缩空气按顺序彻底清除打磨粉尘,先车顶,然后是发动机舱盖、行李舱盖,接下来车门和翼子板的间隙、行李舱盖和发动机舱盖的边缘等。

对不需要施涂的部分应小心用专用遮蔽纸和遮蔽胶带进行施涂面漆前的遮护,以防污染,如图 5-33 所示。

 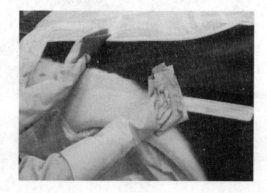

图 5-33 遮护

在进行遮护作业中难免会有胶带纸、手上污物黏附于被涂表面。可用专用的除油布或干净的擦拭布沾上脱脂剂,擦拭被涂表面,除去油分、污物和蜡质等。应注意清洁车门把手和滑槽附近、车门内侧和行李舱盖、发动机舱盖四周内侧、挡风条和挡泥板的安装螺钉附近等。

2. 喷前检查、准备

(1)对喷漆房进行清洁,清除内部灰尘和碎屑(包括天花板和地板,以防止天花板和地板上的灰尘随喷漆房内的空气流通而飘浮在空气中,对漆面造成污染)。

(2)清洁喷漆房之后,需要先抽风 10~20min 再进行后续工作。

(3)检查车身外表是否有遮护遗漏或其他作业没有进行完备之处。

(4)穿戴好合适的喷涂防护用品。用肥皂清洗手上可能有的油污,穿上喷漆防护服,戴上供气式全面罩(或戴上护目镜和活性炭式面罩),戴上无硅乳胶手套。然后用压缩空气清除沾附在衣服上的灰尘。

（5）调色。需要喷涂的面漆因为颜色的需要,很少有只使用某一种纯色母直接喷涂的,绝大多数面漆都是由多种色母混合而呈现出需要的颜色。调制涂料:将调色好的涂料按照规定的比例添加稀释剂和固化剂,并搅拌均匀。过滤及黏度调整:喷涂前涂料静置 5~10min,如果涂料黏度需要调整,应添加配套的稀释剂,选用与施涂环境温度相适应的快干、标准或慢干型的稀释剂,施工黏度一般调整至18~21s(涂4杯,20℃)。

3. 调试喷枪

调整喷枪的压力、喷幅及漆流量。

4. 粘尘

喷涂前用粘尘布擦去粘在涂装表面的线头和灰尘。

5. 喷涂

全车喷涂。单工序纯色漆一般采用三次喷涂:预喷涂 – 重喷涂 – 修饰喷涂。

单工序纯色面漆一般喷涂三次,就能形成所需膜厚、光泽和色调。如果色调还不满意,可将涂料稀释到16s,再喷涂修整一次。每两次喷涂施工之间需要有 5min 左右的静置时间,用于溶剂的蒸发,以防大量溶剂留在涂层中引起垂流等缺陷。局部修补喷涂需要做过渡处理。

6. 干燥

在面漆喷涂完毕,先静置 20min 左右,使涂膜中的溶剂挥发,待涂膜稍稍干燥,可先除去遮护材料。因为烘烤加热会使遮蔽胶带上的胶质熔解,与被贴表面更加牢固结合而难以清除,并且容易留下黏性杂质,同时漆膜可能会被胶带揭起。

7. 涂膜的修整

喷涂过程中常常会由于种种原因在面漆表面造成一些微小的故障,例如流挂、个别的涂膜颗粒(脏点)、微小划擦痕迹和凹坑等,影响装饰性,因此,必须进行修理。常见的涂膜修整有:流挂和涂膜颗粒的处理、涂膜凹陷的修理、面漆的抛光、打蜡、

8. 部件的安装与整理

安装好拆卸下的部件。如果部件有脏污,应进行清洁后再安装。操作时,对于刚施工的漆膜要特别小心,防止不小心伤及新涂膜,造成返工。安装部件之后,需要对车身内外进行整理。

模块 6　喷涂塑料前保险杠

塑料在汽车上的应用发展很快,从最初的一些简单内饰件如汽车灯罩、仪表板壳、转向盘、坐垫、风窗玻璃、轮胎、传动带、连接软管等到现在替代金属制成的车身覆盖件,甚至全塑料车身也已问世。汽车用塑料首先要具有足够的强度,其次要有一定的塑性,再次要有良好的耐涂装性能。塑料强度不够或太脆,容易碰坏。不耐涂装,影响修补涂装效果。目前,汽车上使用的塑料零件如图5-34所示,详细资料参见有关车型的维修手册。

图 5-34 汽车上使用的塑料零件

一、喷漆前的表面处理

由于塑料件表面存在如油污、蜡脂、脱模剂、静电、应力、极性、粗糙度、湿润性等问题,所以在涂装前必须要进行合理的处理,加上适当的底漆和选用配套的面漆材料,才能保证后续涂层的涂装质量。塑料件常用的表面前处理方法有以下几种。

1. 脱脂处理

塑料表面的油污、蜡脂及脱模剂等会大大降低涂料的附着力和引起涂膜缩孔等弊病,因此,在涂装前必须彻底清除干净。常采用的方法有溶剂脱脂和碱性水溶液脱脂。

2. 退火处理

塑料成型时一般采用高温注塑,冷却过程中易形成内应力。如果在涂装时与溶剂接触,产生溶胀,则在应力集中处容易产生开裂。为了消除内应力,防止开裂,一般在脱脂清洗以后,将塑料件加热到低于热变形的温度下并维持一定时间,这就是退火处理。一般塑料件在经过物理或化学处理后要进行烘干,在烘干的过程中就完成了退火处理。

3. 静电除尘

由于塑料是绝缘体,容易产生静电,易吸附灰尘,用表面活性剂溶液清洗,虽然也有除尘和除静电的作用,但在洗涤和干燥过程中,还可能再次粘上灰尘,因此,在涂装之前常用离子化的空气来除尘。用压缩空气通过装有高压电极的喷嘴,利用电晕放电使空气电离,离子化的空气喷到塑料表面,中和灰尘电荷,因而容易被清除掉。

4. 化学处理

塑料件表面通过采用适当的化学物质,如酸、碱、溶剂、氧化剂、聚合物单体等对其进行处理,使其表面发生氧化化学变化形成活性基团,或选择性地除去表层低分子成分、非晶态成分,使表面粗化具有多孔性,从而改善涂料在塑料表面上的附着力。如酸性液氧化处理法是通过铬酸、硫酸混合液对塑料表面氧化导入亲水性官能团和其他官能团,从而提高了塑料表面的润湿性,同时使表面刻蚀为有控制的多孔性结构,达到了提高表面附着力的目的。

塑料件损伤的修理包括塑料件划痕和裂纹的修理(塑料件的划痕和裂纹,通常采用化学黏结法进行修理)、塑料件的擦伤、撕裂和刺穿的修理。

塑料件表面处理的程度和均匀性,是保证涂装质量的关键。通常检查塑料表面处理质量的方法是将处理过的塑料件浸入水中,取出后观察水膜的完整情况和破裂时间进行衡量,水膜均匀润湿,则证明处理程度好。或滴上水滴,水滴的扩散程度越好。

二、塑料件的喷涂

塑料件涂装可分为两种类型,一种是对更换的新塑料件涂装;一种是表面有旧涂层,但是油漆涂层或塑料本身出现损坏的旧塑料件修补涂装。

1. 准备工具设备及材料

塑料件的涂装主要用到的工具设备有:喷漆房、空气压缩机及空气分配管道、油水过滤器、喷枪、风枪、喷涂支架、刮刀、调漆比例尺、烤灯、砂轮机、干磨系统等。

塑料件的涂装主要材料有:.塑料清洁剂、塑料静电消除液、塑料底漆、塑料柔软剂(也称塑料增塑剂)、减光剂(也称哑光剂)、塑料原子灰。

2. 新塑料件的涂装

新塑料件一般外形较好,涂装时主要是各个涂层涂料的选择及喷涂,其一般涂装步骤如下。

(1)穿戴好合适的劳保防护用品。

(2)贴护好需要保护的部位和部件。

(3)检查新塑料件表面是否有底漆。

(4)清洁、粗化塑料件表面。根据塑料清洁剂的使用说明调配好清洁溶液。用约 P320 号菜瓜布蘸调配好的清洁溶液轻轻地仔细打磨塑料表面,让塑料表面产生一定的粗糙度,同时也除掉塑料表面的油污及脱模剂等。全部打磨完成后,用清水冲洗干净清洁溶液,再用风枪吹干工件。

(5)检查塑料表面是否有缺陷。

(6)修整、填补塑料表面的缺陷。如果塑料件表面有毛刺,可以用砂纸或刀片,磨平或削平塑料表面。如果表面有划痕或轻微不平,可以用塑料原子灰进行填补,干燥后打磨平整,如图 5-35 所示。

(7)确定塑料件表面没有任何缺陷之后,用塑料件专用除油剂清洁干净工件表面,并用粘尘布粘干净工件表面的浮尘。

(8)对新塑料件表面进行底漆的施工。塑料底漆的涂装要根据塑料件的材质选择合适的塑料底漆产品,根据涂料产品说明进行调配和施工。

(9)对新塑料件表面进行中涂底漆的施工。选择合适的中涂底漆品种,按规定调配好涂料。对整个工件表面喷涂 2~3 个正常涂层,表面平整光滑,有一定膜厚即可。采用自然干燥或烘烤干燥的方法进行干燥。用 P400 或 P500 砂纸配合双作用打磨机打磨中涂底漆确保所有需要喷涂面漆的部位都打磨到位并打磨至平整光滑。

(10)对新塑料件表面进行面漆的施工。清洁干净工件表面。根据所喷面漆类型和使用方法调配好涂料。按照一般工件上的喷涂方法进行面漆的喷涂。

(11)对新喷涂的面漆进行干燥和修整。采用自然干燥或利用烤灯、烤房烘烤干燥面漆。当涂膜完全干燥之后检查涂层表面存在哪些缺陷。清洁干净工件表面,完成整个塑料件的涂装工作。

 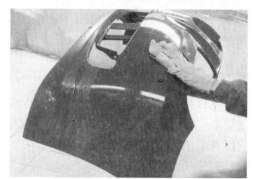

图 5-35　修整、填补塑料表面的缺陷

3. 塑料件的维修涂装

塑料件的维修涂装特指之前有过涂层的涂装,只是部分涂层出现损坏的情况。它的一般操作步骤如下。

(1)穿戴好合适的劳保防护用品。

(2)清洁、检查损伤部位,鉴别旧涂层涂料类型及塑料种类。

(3)评估损坏程度,确定维修范围,并对相关部位及部件进行贴护,如图 5-36 所示。

(4)用 P180～P240 干磨砂纸配合 7mm 双作用打磨机将损伤部位打磨平整光滑。对于有毛刺或稍高的部分用刀片先大致削平再打磨,如图 5-37 所示。

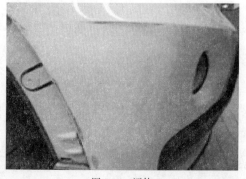 

图 5-36　评估　　　　　　　　　　　　图 5-37　打磨

(5)在裸露的塑料部位用擦拭布薄薄涂上一层塑料底漆,并进行干燥,如图 5-38 所示。如果是附着力较好的塑料件或裸露面积较小,则可以直接刮涂塑料原子灰。

图 5-38　涂底漆并干燥

(6)用塑料原子灰填平损伤部位并进行干燥。

(7)选用 P120～P240 干磨砂纸配合双作用打磨机或手刨打磨平塑料原子灰,并将周围需要喷涂的区域用 P320～P360 干磨砂纸磨毛。

(8)清洁干净工件表面,并贴护好需要保护的部位,如图 5-39 所示。

图 5-39　清洁并遮护

(9)对裸露塑料材质的地方薄薄喷涂或擦拭一层塑料底漆。

(10)对损伤部位进行中涂底漆的施工,如图 5-40 所示。方法同上。

(11)对损伤部位进行面漆的施工。清洁干净整个需要喷涂的表面和周围区域。用纸胶带和遮蔽纸将不需要喷涂的部位保护起来,如图 5-41 所示。用除油剂对整个施工表面进行彻底的除油,然后用粘尘布擦拭干净表面的浮尘。根据所喷涂料类型和使用方法调配好面漆。对于较软塑料应该在双组分面漆中加入适量的塑料柔软剂。按照一般工件上的喷涂方法进行面漆的喷涂,如图 5-42 所示。

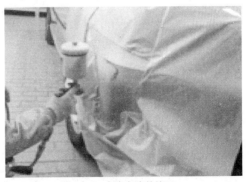

图 5-40　中涂底漆的施工

图 5-41　保护不需要喷涂的部位　　　　　　图 5-42　面漆的喷涂

（12）对新喷涂部位进行干燥和修整。利用烤灯或烤房烘干面漆涂层，然后检查涂层质量，如果有颗粒、灰尘、流痕等表面轻微缺陷，在打磨平整后进行抛光打蜡修整。如果缺陷较严重则需要重新打磨喷涂处理。对于新旧涂层接口处，在抛光打蜡时特别要注意，避免磨破接口，使驳口痕迹更明显。

单元六
清洁与护理

 学习目标

完成本单元的学习后,你应能:
1. 了解清洁与护理的基本知识;
2. 了解抛光打蜡的作用,认识抛光打蜡工具和设备会对翼子板进行抛光打蜡作业。

建议学时:6学时。

汽车经常在各种不同的环境中使用,其表面会受到风吹日晒、酸雨侵蚀等。即使最初的车身漆面质量很好,但经过环境的自然侵蚀,漆面也会褪色,失去光泽,形成氧化层。车辆在行驶中容易粘上灰尘、泥土、焦油和沥青等污物,尤其是雨雪天气,底盘部位容易粘上泥浆,如果不及时清洁护理,容易引起锈渍,因此,在汽车的使用中,需要定期地对汽车车身进行护理,减少外界有害物的侵蚀,保持车身清洁美观,延长汽车的使用寿命。

一、洗车

洗车可采用自动清洗以及人工清洗等方式。自动清洗,采用固定式汽车清洗机,由控制系统自动控制完成洗车过程,洗车速度快、效率高,同时采用了集中污水处理和回收系统,能较好地解决环保和水资源浪费的问题,这是洗车的推广方式。而当前汽车车身护理中的洗车以人工清洗为主,利用移动式汽车清洗机(高压水枪)及泡沫清洗机进行洗车作业。

车辆进入洗车工位后,拉紧驻车制动器操纵杆,检查并确认汽车门窗、玻璃关闭严密后,才开始进行洗车作业。洗车可分为冲车、擦洗、冲洗、擦车和吹干等5个步骤,洗车时一般由两人配合进行,这样不但速度快而且清洗的质量好。

二、抛光

1. 抛光的作用

抛光主要针对汽车的修补涂装或漆膜老化后的整新处理。抛光就是通过研磨,使涂膜面显出光泽,除去附着在涂膜表面上的灰尘和小麻点,并对表面粗糙处和起皱皮处等平整度不良情况进行修整。对于部分涂装而言,还包括对晕色部位的打磨等,先用P1000~P2000

的砂纸打磨,再用抛光机抛光。抛光处理既适用于新喷涂漆面及修补涂装的修饰,也适用于旧漆面的整新。

2. 常用的抛光工具

(1)砂纸:主要是清除流挂和整理表面的颗粒,使纹理保持一致性,常用的是P1200~P2000砂纸。

(2)磨石:主要是清除表面的颗粒及流挂等现象。

(3)研磨剂:使用的材料主要是由大小均匀的细微颗粒组成,其形态有膏状、浆状等。

(4)抛光机:机械式抛光机分为电动式和气动式两种。电动式抛光机,转数较大且可调,功率较大,研磨抛光效果较好。需注意的是有的电动式抛光机功率较大,对于初学者来说要时刻注意机子的状态,以免损坏车漆。气动式抛光机转数较低,且研磨抛光效果较差,研磨抛光作业的效率相对较低。

(5)喷水壶:在研磨抛光作业时,用于向研磨部位喷水,目的是降温、清洁及润滑。

3. 抛光工艺

(1)整车抛光工艺。整车抛光有旧车涂面翻新抛光,也有新喷涂面抛光。新喷涂面应在涂层表面实干后进行抛光。

①第一次抛光。首先用半弹性垫块衬P1500水砂纸打磨,然后再用P2000、P4000、海绵砂纸轻轻地把流痕、凸点、粗粒、轻微划痕打磨平整,再按顺序将整车打磨一遍,使涂面均匀无光,注意不要磨穿漆膜层。

②第二次抛光。当整车涂用全能抛光剂抛光完成后,涂面的流痕、粗粒、划痕、海绵砂纸磨痕迹会全部消除,但有时会有一些极其细小的丝痕或光环,为了确保涂面更平滑、光亮,则需用釉质抛光剂进行第二次抛光。

(2)补涂施工中的局部抛光。根据局部抛光所起的作用可分为喷涂前补涂部位外围旧涂膜抛光和补喷涂部位抛光。

①喷涂前补涂部位外围旧涂膜抛光。可采用手工或机械方法(如图6-1所示),因补涂部位外围抛光面积一般不会太大,因此,手工处理较为普遍。

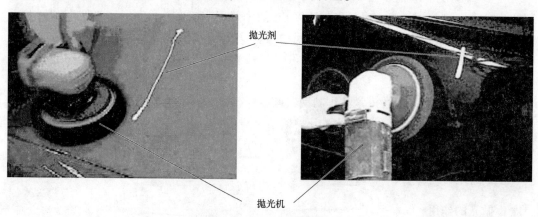

图6-1 用抛光机抛光漆面

②喷涂后补涂部位的抛光。应在涂膜完全干燥后,使用细度抛光剂或超细抛光剂进行抛光。采用手工处理方法,倒少量抛光剂于软布上,在补涂部位四周接口处,按补涂部位向

旧涂面部位同一方向抛光。抛光力度不宜过大,抛光程度不宜过深,防止产生补涂边缘线形痕迹,使涂面达到光泽柔和程度即可。

三、打蜡

打蜡是汽车美容的一个重要步骤,抛光作业结束后,最后的工序是打蜡。一般是指将车蜡按一定的方式涂敷在车身表面上,利用机械或人工进行打蜡,目的是提高涂膜的光泽度、丰满度,弥补抛光处理后的不足。值得注意的是,有的涂料禁止打蜡,比如合成纤维素丙烯酸硝基涂膜不能使用油性蜡;聚氨酯涂膜在完全没有固化之前,也最好不要打蜡。另外,不同的涂膜应选择与之相适宜的车身蜡,选择方法应根据涂料生产厂家的使用说明书。

1. 车蜡的分类

根据车蜡的特性,可分为以下几类。

(1)去污蜡。去污蜡的特点是具有去污除垢和保持汽车表面光亮的功能,主要是涂抹在汽车表面,能够恢复汽车漆面及金属的鲜艳色度。

(2)亮光蜡。能够在漆面形成保护膜,防止氧化,酸蚀及雨水的侵蚀。使漆面不沾灰尘,让汽车有持久的光亮,使用于车身及金属制品。

(3)保护蜡。汽车保护蜡主要是除去汽车油污、沥青,防止汽车生锈,能产生稳定、防水的汽车保护膜。汽车保护蜡适用于汽车表面积,槽沟。

(4)镜面蜡。镜面蜡是一种高性能的汽车护理型天然蜡,含有巴西棕榈、聚碳酸酯,对漆面渗透力极强,光泽如镜,保持长久,能有效护理汽车漆面,适用于新车及旧车抛光翻新后的漆面护理。

(5)抗静电蜡。是一种喷雾型上光护理蜡,能防止漆面静电产生,最大限度地减少静电对灰尘、油污的吸附。

(6)彩色蜡。彩色蜡分为红、蓝、绿、灰和黑等5种颜色,即打即抛光,省时省力,不同颜色的车使用不同颜色的车蜡,对漆面起到修饰作用,可掩饰轻微细小的划痕。

(7)底盘保护蜡。适用于漆面、橡胶、塑料及PVC烤漆,可长久防止底盘腐蚀和碎石的碰击,可预防表面颜色的改变,达到隔音除锈的效果。

2. 打蜡的一般程序

汽车清洗——→上蜡——→抛蜡。

3. 打蜡工艺

(1)机械打蜡。机械打蜡,使用轨道抛光机,其椭圆形轨迹旋转及双手扶把紧贴机体的中心立轴,效率高、质量好、不易产生划痕,如图6-2所示。打蜡时将液体蜡摇匀后,画圈似地倒在打蜡盘面上,每次以$0.5m^2$的面积顺序打匀,直至打完全车身。待蜡凝固后,将干净、无杂质的全面抛光蜡盘套装在打蜡机上,开机后调节转速并控制在1000r/min以下,然后将打蜡机抛光盘套轻轻平放在涂面上,进行横向与竖向覆盖式抛光,直至涂面靓丽为止。

(2)手工打蜡。若是乳状蜡应将其摇匀,然后倒少许于海绵或软布上,涂蜡时以大拇指和小拇指夹住海绵,以手掌和其他三个手指按住海绵,每次涂蜡以$0.5m^2$的面积为宜,力度均匀地按旋律式顺序擦拭。从前到后、从左到右,蜡膜要涂得薄而均匀,根据每种车蜡的说明,稍候用干净的软布擦净即可。

 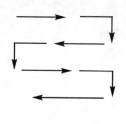

图 6-2　机械打蜡和抛光路线走向

4. 打蜡的注意事项

（1）上蜡前应对车身表面进行彻底清洁，去除漆面上的沥青、鸟粪等污物，并保证车身干爽，否则擦蜡后颜色会不均匀。

（2）作业环境应清洁，不能在阳光下作业。

（3）不要给塑料保险杠、车身饰条、车窗防雨密封条等塑料橡胶件上蜡。因为车蜡在其表面干燥后呈白色，很难清除。

（4）不要在车表温度高时打蜡，因为车表的高温会使车蜡附着能力下降，从而影响了打蜡效果。

（5）对旧车打蜡时注意，若海绵上出现与车漆相同的颜色，可能是漆面已经破损，应立即停止打蜡，进行修补处理。

（6）有些车主以为，车蜡在车表面待的时间较长，蜡质被车漆吸收得越多，越能增加车漆的亮度，所以，大街上涂着蜡跑的车也不少见。这是不合理的，未抛蜡的汽车在路上行驶时，会粘上许多灰尘、细沙粒，再进行抛蜡时，容易造成漆面划伤。

（7）新车不要随便打蜡，因为新车本身的漆层上已有一层保护蜡，过早打蜡反而会把新车表面的原装蜡除掉，造成不必要的浪费。一般新车购回后 5 个月不用急着打蜡。

四、其他

（1）车身胶质装配装饰件的清洁。

汽车车身胶质装配装饰件包括前后保险杠、转向灯、后视镜座、尾灯总成及车身装饰胶条、前风窗玻璃下方的塑胶板等，这些胶质的装配、装饰件也是决定车辆外观形象的重要一项。

（2）轮胎、轮毂的清洁护理。

（3）汽车内室的清洁维护。

（4）发动机和发动机舱的清洁维护。

（5）汽车底盘的清洁维护。

参 考 文 献

[1] 邢凤娟.机械识图[M].北京:中国劳动社会保障出版社,2012.
[2] 谢伟刚.汽车钣金技术[M].2版.北京:人民交通出版社股份有限公司,2016.
[3] 林育彬.汽车钣金工艺[M].北京:人民交通出版社股份有限公司,2017.
[4] 易建红.汽车涂装基础[M].北京:人民交通出版社股份有限公司,2017.
[5] 陈纪民,李杨.汽车涂装技术[M].2版.北京:人民交通出版社股份有限公司,2015.
[6] 祖国海.汽车钣金工艺与技能训练[M].北京:中国劳动社会保障出版社,2004.

人民交通出版社汽车类技工教材部分书目

书号	书名	作者	定价	出版时间	课件
一、全国交通技工院校汽车运输类专业规划教材（第五轮）					
978-7-114-10637-8	汽车文化	杨雪茹	35.00	2017.06	有
978-7-114-10648-4	钳工工艺	李永吉	17.00	2014.08	有
978-7-114-10459-6	汽车机械基础	刘根平	22.00	2016.07	有
978-7-114-10458-9	汽车发动机结构与拆装	程晟	27.00	2018.05	有
978-7-114-10456-5	汽车底盘结构与拆装	王健	39.00	2016.12	有
978-7-114-10686-6	汽车电器结构与拆装	许云珍	30.00	2017.08	有
978-7-114-10604-0	汽车使用与日常维护	李春生	25.00	2016.02	有
978-7-114-10527-2	汽车发动机检修	王忠良	39.00	2017.08	有
978-7-114-10573-9	汽车变速器与驱动桥检修	戴良鸿	28.00	2016.05	有
978-7-114-10454-1	汽车转向、悬架和制动系统检修	樊海林	24.00	2017.08	有
978-7-114-10518-0	汽车服务企业管理	应建明	19.00	2016.07	有
978-7-114-10536-4	汽车结构与拆装	邢春霞	40.00	2017.08	有
978-7-114-10457-2	汽车钣金基础	姚秀驰	32.00	2013.05	有
978-7-114-10444-2	汽车车身碰撞估损	石琳	23.00	2016.07	有
978-7-114-10612-5	汽车美容	彭本忠	20.00	2017.08	有
978-7-114-10580-7	汽车营销	郑超文	25.00	2018.04	有
978-7-114-10528-9	汽车保险与理赔	刘冬梅	22.00	2017.08	有
978-7-114-10999-7	汽车电器与空调系统检修	潘承炜	45.00	2017.08	有
978-7-114-11135-8	汽车车身涂装	曾志安	32.00	2014.03	有
978-7-114-10881-5	汽车营销礼仪	吴晓斌	30.00	2015.08	有
二、全国中等职业技术学校汽车类专业通用教材					
978-7-114-13417-3	汽车发动机构造与维修（第二版）	吕秋霞	43.00	2016.12	有
978-7-114-13818-8	汽车发动机构造与维修习题集及习题集解（第二版）	吕秋霞	15.00	2017.06	
978-7-114-13016-8	汽车底盘构造与维修（第二版）	徐华东	32.00	2016.07	有
978-7-114-13479-1	汽车底盘构造与维修习题集及习题集解	徐华东	21.00	2016.12	
978-7-114-13007-6	汽车电气设备构造与维修（第二版）	张茂国	42.00	2016.07	有
978-7-114-13521-7	汽车电气设备构造与维修习题集及习题集解	张茂国	23.00	2016.12	
978-7-114-13227-8	机械识图（第二版）	冯建平	25.00	2017.12	
978-7-114-13350-3	机械识图习题集及习题集解（第二版）	冯建平	25.00	2017.08	
978-7-114-12997-1	电工与电子技术基础（第二版）	窦敬仁	34.00	2016.07	有
978-7-114-12891-2	汽车专业英语（第二版）	王蕾	15.00	2016.05	有
978-7-114-13014-4	汽车故障诊断与检测技术（第二版）	王囤	36.00	2016.07	有
978-7-114-13169-1	汽车维修基础（第二版）	毛兴中	24.00	2018.05	有
978-7-114-13136-3	汽车运用基础（第二版）	冯宝山	29.00	2016.07	有
978-7-114-13200-1	汽车电路识图（第二版）	田小农	21.00	2016.09	
978-7-114-13162-2	钳工与焊接工艺（第二版）	宋庆阳	22.00	2016.08	
978-7-114-13296-4	汽车维修企业管理（第二版）	杨建良	19.00	2016.09	
978-7-114-13738-9	发动机与汽车理论（第二版）	徐华东	16.00	2017.06	有
978-7-114-13801-0	公差配合与技术测量（第二版）	刘涛	21.00	2017.07	
978-7-114-11750-3	汽车安全驾驶技术（第二版）	范立	39.00	2017.04	
978-7-114-13858-4	汽车维修标准与规范（第二版）	杨承明	28.00	2017.08	
978-7-114-13998-7	专业技术论文与科研报告撰写（第二版）	裘玉平	20.00	2017.09	
978-7-114-13991-8	汽车单片机及车载网络系统（第二版）	林为群	39.00	2017.09	有
978-7-114-14693-0	汽车美容与装饰	林旭翔	25.00	2018.07	有

咨询电话：010-85285962、85285977。咨询QQ：616507284、99735898。